歴史文化ライブラリー

139

海のモンゴロイド

ポリネシア人の祖先をもとめて

片山一道

吉川弘文館

目次

謎の縄文土器

南太平洋のアジア人

私はながらく、ポリネシア人に関する人類学的研究のために、夏場は南太平洋にフィールド調査に出かけるのを習いとしてきた。無茶苦茶に暑い日本の夏を逃れて南半球で過ごすのだから、悪くはない稼業である。でも現地調査は、それはそれで、なかなかに大変である。そんなとき、ポリネシア人と縄文人の関係について考えてみた。

ポリネシア人の祖先をもとめて

ここでは、すこし脇道にそれるのを覚悟のうえで、ひとつのエピソードに話題を向けてみたい。南太平洋で見つかった縄文土器についての話である。この話題が新聞紙上で仰々しく報道されたのは、さほど古い話ではないので、ご記憶の方も少なくなかろう。ごく最近になって、その話は別の角度で報道された。これについては、いささか疑念をいだかざるをえないので、私なりの見解を示しておきたい。

私が進めるポリネシア人研究のテーマのひとつは、なぜポリネシア人の身体が特大にできているのか、なぜ彼らは骨太で筋肉質、そして肥満に傾きやすいのか、その実態を明らかにするとともに、その理由を歴史的につまびらかにすることである。

そのテーマと表裏をなすのが、ポリネシア人の祖先をさかのぼり、おおもとの起源をたどる問題である。南太平洋の島々に先住してきたポリネシア人とよばれる人たちの祖先は、いつ、どこから、どのようにして、今もなお住む島々に拡散してきたのか、それをうまく説明できるシナリオをつくることだ。そして、それらの島々に彼らが植民、定着、適応していった先史時代のころの歴史を編年していくことだ。ある人びとの身体特徴を切り口として、その人びととの過去の歴史を再構成しようというのだから、身体史観とでもよべようか。人類学の伝統的な目的意識ではあるが、私は新たなる方法論を模索している。

そんな課題をかかえているのだ。私どもの人類学の世界では先史人類学とよばれる分野の研究である。

南太平洋で発見された縄文土器

ある年、ポリネシアの中央部にあるクック諸島のマンガイアという孤島へフィールド調査に出かけた。古い埋葬遺跡を発掘し、昔のポリネシア人の身体特徴や生活を分析するための古人骨資料を集め、さらに人びとの病気や健康のこと、そして人口学や生態人類学に関連する各種のデータを集めるためだった。その調査の目的は、とくに可もなく、さりとて不可もなく、むしろ予定どおり順調に達成できた。

帰国後、留守中にたまった郵便物や雑誌類などを整理しているとき、ある新聞記事の切抜きを見つけた。そこには「海渡った縄文土器、南太平洋のバヌアツで発見」という刺激的な見出しが躍っているではないか。

南太平洋の島国バヌアツ共和国で発見された縄目の紋様がスタンプされた土器片をめぐり日米仏の考古学者らが調べていたところ、まさに日本の縄文土器と同じ紋様をもつものがあり、土器に含まれる鉱物も同じ内容を示すものがあり、縄文時代前期の東北地方で流《は》行《や》った円筒下層式土器と同じ類の土器がある、と断定したとの内容なのだ。

これら合計一四片ほどの土器類はフランスのジョセ・ガランジェ教授によって、だいぶ前にエファテ島のメレという土地のヤムイモ畑で発見されたものである。かなり以前から、謎の発見として、知る人ぞ知るところとなっていた。私自身も実際に目にしたことがある。どれくらい古く、ほんとうに日本列島の縄文土器と関係があるのかどうか、おおいに関心をいだいていたわけだ。その正体が科学的につきとめられたということなので、興奮しないわけにはいかない。

ではいったい、なぜ約五〇〇〇年前に日本の東北地方などで作られた縄文土器が南太平洋のメラネシアの島で見つかったのか。ハワイイ（日本では「ハワイ」と表記されることが多いが、本書では現地の発音に従う）のホノルルにあるビショップ博物館の篠遠喜彦博士が「縄文土器などを積んでいた当時の舟が、なにかが原因で日本からバヌアツまで漂流したためか、くだんの土器が偶然に漂着することになったのではあるまいか」とコメントしたとある。

そんなことが今から何千年も昔に、はたして起こりえたのだろうか。常識では考えにくいことだが、たぶんそうだったのだろうし、たぶん別の理由があったのだろう。そうあいまいにうなずくほかない。こと先史学に関連した現象では、ときどき常識なるものが通用しないようなケースがあるので、たんなる偶然の所産と決めつけるのでは、なにも答えにならない。さりとて常識の範囲では、それを必然の産物と考えるわけにはいかないのも、またたしかなのである。

そんな常識論はさておいて、たとえバヌアツあたりで日本列島の縄文土器が発見されたとしても、それほど奇妙奇天烈《きてれつ》なことではないのではないか。宇宙人が地球に来たなどの類の話と違って、まったくの荒唐無稽と片付けるわけにはいかないのではないかと、私は思うのだ。いくぶんアクロバティックな論考になることは承知のうえで、これまでに私たちが手に入れた南太平洋の先史学に関する知見に照らしながら、なぜ私がそう思うのか、その理由などを明らかにするとともに、また別の答えなども探ってみよう。

ポリネシア人は南太平洋のアジア人

バヌアツ共和国があるメラネシアから、さらに地図の東に目をやると、ポリネシアの海洋世界が広がっている。いかにポリネシアの領域が広大であるか。その面積は、じつに地球の全表面積の二〇％ちかくに相当する。ユーラシア大陸の全体がスッポリとカバーできるほどだ（本書四九頁、図6）。もちろん、そのほとんどは、ただ海が茫洋《ぼうよう》とつづくだけだが、小さいながらも無数ともいえるほどの島々が点在する。この島嶼《とうしょ》世界、どの島も先住民はポリネシア人である。小錦とか武蔵丸、さらにラグビーのラツウやバショップのようなスタイルの人たちだ。

じつは彼らポリネシア人は、体格が並はずれて大きいことなどをのぞくと、私たちアジア人に非常によく似た身体性（身体の形態的および遺伝的特性、あるいは身体形質）を特徴とする。というよりアジア人そのものなのである。ここでは詳細は割愛するが、ともかく骨組みなどで裏打ちされた身体の構造から、さまざまな生理的な特性、そして遺伝子レベルでの多くの特徴にいたるまで、アジア人と同じ範疇に入る生物学的特徴を少なからず有する人たちなのである。

もっとも身近な身体特徴について、このことを検証してみよう。たとえば蒙古斑《もうこはん》。これは児斑《じはん》ともよばれる。赤ん坊のころに目だち、ときには思春期をすぎる年ごろまで残るが、臀部《でんぶ》から背中にかけて現れる暗青色の大きな斑点である。アジア系の民族グループ、つまりモンゴロイドの標識となるような特徴である。日本人などアジア人の赤ん坊では、大きさはともかく、ほとんど全部の赤ん坊で現れる。しかしヨーロッパ人などでは皆無に近い。それがポリネシア人でも高頻度で見られる。私自身が観察したかぎり、ヨーロッパ人などとの混血がないとみられるポリネシア人の赤ん坊四〇人につき三六人に、はっきりと認められた。アジア人での出現頻度と変わらない数字である。

つぎに飲酒後の体内でのアルコール分解に関係するアルデヒド脱水素酵素のアイソザイム（ALDH2とよばれる部分酵素）を活性化させる遺伝子について考えてみよう。この遺伝子がない人では、飲酒後、全身が紅潮、心拍数などが増加して動悸や息切れがおこる。そして悪心・頭痛・嘔吐などの不快症状をもたらしたりする。だから酒が旨いものに感じられないし、そもそも酒が飲めない質《たち》、つまり下戸《げこ》の人である。そんな人たちが少なくないのがアジア人の特徴である。日本人の場合だと、半分近くの人は下戸であるはずだ。アジアに住む人びとほどではないが、じつはポリネシア人にも下戸が少なくない。もともとアルコール飲料の文化と飲酒習慣がなかったので、とくに大酒のみが多いということではないが、ほんの少量のアルコール分すら飲めない下戸が少なからず存在することも、ポリネシア人がアジア人に近しい人びとであることを示す有力な証拠となる。

小麦色に日焼けした肌――化粧品のコマーシャルなどで聞き慣れたフレーズだが、地球上の人すべてに身近な言葉ではない。適度な紫外線の刺激があるとき、そうなりやすい人が断然多いのがアジア人である。広くモンゴロイド系の人びとの特性なのである。ヨーロッパ人などは、ひどく日焼けをすると、ときに大変なことになる。軽度の火傷状の症状を起こし、のちになってしみ様の黒斑を浮かばせるが、けっして小麦色の褐色の肌とはならない。皮膚ガンを起こすことも珍しくない。もちろんアフリカ人やインド人などは、そもそも皮膚が黒いため、たとえ強力に日焼けしても、もっと黒くなることはない。

要するに、肌の表皮や真皮に含まれるメラニン色素顆粒の多寡が関係しているのである。アフリカ人などでは常に多量の色素顆粒をもつ。ことに碧眼《へきがん》ブロンドのヨーロッパ人には、それを産生する装置がないから、紫外線の影響を受けても産生されることがない。それに対して、アジア系の人たちは一定の条件のもとで産生することができる。日焼けすると、紫外線の刺激を受けて、皮膚組織のメラニン顆粒の量を増やすことができるのだ。美白になったり、ガン黒になったりと、カメレオンのように肌の色を変えることができる。健康的な薄褐色の皮膚を享受できるのは、アジア人ならではの特徴なのだ。

ポリネシア人もまた、この特徴をもつ。小さな島などで漁撈活動などに励むポリネシア人の皮膚が相当に黒いのは、いつもさんさんと降り注ぐ太陽光を受けているからなのである。しかし都市部で暮らすポリネシア人などの皮膚色は浅く、せいぜいのところ色黒のアジア人ほどの濃さでしかない。

その他に肉眼でわかりやすい形質としては、指紋とか掌紋《しょうもん》の皮膚紋理なども格好の例である。さらには遺伝子レベルでの諸々のミクロな形質までも、ポリネシア人は偶然ではないほどアジアの人たちに相似する。こんなふうに、ポリネシア人の身体で見られるアジア人らしさを挙げ連ねていくと、結論はおのずからこうなる――要するに、「ポリネシア人はモンゴロイド」、あるいは「ポリネシア人は南太平洋のアジア人」なのである。
そしてこのことは、ポリネシア人の由来を見事に物語っているのだ。

縄文人の仲間たち

ラピタ人

ではなぜ、太平洋の中枢部にアジア人の仲間が存在するのか。その理由は、ポリネシア人の祖先がたどって来た道のりを考えれば簡単に説明できる。そのことは彼らの出自がアジアのどこかにあったことを強く示唆するのである。現在までに得られた人類学や考古学、さらには言語学などの知見をもとに、どのように先史ポリネシア人がアジア方面から南太平洋に拡散していったか、その要点を素描してみよう。

ところで、私たちが見るような風変りな顔だちと体形をしたポリネシアの人たち。大柄で骨太で筋肉質、目だつほど大きな手足と顎をして、それでいて肥満になりやすいポリネシア人が誕生したのは、今から三〇〇〇～二〇〇〇年前のことで、西ポリネシアのトンガやサモアあたりの島々である。その後、ポリネシアの全域、ハワイイやニュージーランドやイースター島にまで拡がっていったのである。

ポリネシア人の母体となったのは、まちがいなくラピタ人とよばれる先史民族であった。もちろん今はもう地球上に存在しない。ラピタ土器という独特の装飾土器をもつことで知られるラピタ人は、今をさかのぼること四〇〇〇年から二〇〇〇年前のころ、ニューギニアのビスマーク諸島周辺からメラネシアの島々、さらに西ポリネシアのトンガやサモアのあたり一帯に分布していた。彼らの存在を知る最古の遺跡は、その分布圏の北端かつ西端でもあるビスマーク諸島の北部で見つかった。

そこから南や東に向かって、ラピタ人の遺跡の年代はしだいに新しくなる。またラピタ人の分布圏のどこでも、彼らが残した遺跡の年代幅について、その古いほうの値はおおむね違いがない。これらのことから、ラピタ人は非常に短期間のうちに、ニューギニアの北東の島々から南へ東へと分布を広げ、一挙に西ポリネシアのあたりまで拡がっていったものと推測できる。

そうしたラピタ人のうち、もっとも東方にある西ポリネシアに定着したグループが、当地の海洋性の島嶼《とうしょ》生活に完璧なまでに適応して生まれたのがポリネシア人である。ニューギニア周辺のメラネシアの島々では、そこにすでに先住していた現在のニューギニア人などの祖先たちに吸収され、あるいは彼らと混血していったのであろう、彼らの文化も生活も身体特徴もさまざまなかたちで地域化していったようだ。またバヌアツやフィジーなどメラネシアの島々でも、のちになって西のほうから来た移住民たちの影響を受けたかもしれない。本来のラピタ人は大いに変容をとげたようだ。

さらにラピタ人に由来するグループ、なんらかのかたちでラピタ人の系譜をひく人びとはミクロネシア方面にも拡散していった。かくして、ポリネシア人だけでなく、メラネシアやミクロネシアの島々に住む人びとのほとんどは、多かれ少なかれラピタ人の係累をひくわけである。ことにポリネシア人は、その直系の子孫と考えてもよかろう。

もしもラピタ人の拡散の原点が、最古のラピタ遺跡が見つかるニューギニアの北東部の島々にあったのなら、そのことこそ、彼らがオセアニアへ流入してきたルートを推定する重要な手がかりとなる。そして、ラピタ人が太平洋の西縁に広がる海域アジアから移住してきたのだろうという推理が成り立つ。そしてそれは西のインドネシア方面からなのか、あるいは北のフィリピン方面からなのか、ということが、さらなる問題の核心となる。ちなみに、ラピタ人がオセアニアに拡散したのは今から四〇〇〇年近く前のことなのだ。

ラピタ人の故郷——東南アジアか東アジアか

現在までの各方面の知見をもってしてもまだ、ラピタ人がどこから来たか、はっきりと確信をもって語ることは難しい。たしかに文化的な特徴で比較すると、現在のポリネシア人や昔のラピタ人のそれは、インドネシア西部やインドシナ半島の文化要素との共通性が強い。ことに園芸用の植物や、イヌ、ブタ、ニワトリの三種の家畜については、そのあたりの東南アジア文化の香りが強いのはたしかである。

しかし言語学や人類学の視点からみると別の話となる。オーストロネシア語族（南島語族）の言語のなかでのポリネシア語の位置とか、各種血液型の遺伝子の分布とか、先史時代の古人骨のことなどから推論すると、むしろフィリピンや台湾、さらには中国南部の沿岸部や日本列島南部あたりに広がる東アジアの海域世界とのつながりが指摘できる。ラピタ人が出自した候補地としては東アジアのほうに比重が傾くのだ。

はるか昔の先史時代の人びとをも含めて、いかなる人間集団についても相互の間で系譜関係を探るのは非常に難しい問題である。それぞれの文化を構成する物質文化の流れがたどれたとしても、過去に起こった人間集団そのものの移動や拡散の実態を正確にたどれるわけではない。むしろ文化の伝播《でんぱ》と人間の移動とは別々に扱うべきで、混同してはならぬ。

もしも、個々の物質文化の内容がどうであるかよりも、人びとの身体特徴や言語のほうが民族グループの異同関係を雄弁に物語るのだとする立場に立てば、ラピタ人のホームランドは、むしろ東アジアのほうにあったと考えるのが理にかなっている。

ラピタ人が来た道を探るのに、その鍵となるのは、今から五〇〇〇年ないし四〇〇〇年前のころの東南アジアや東アジアの状況である。ことに台湾などは当時、どんな状況にあっただろうか。あるいはインドネシアのあたりはどうだったか。

そのころ大陸部では、すでに中国の古代文明は相当に充実しつつあり、各種の農耕技術や牧畜が発達して新石器時代をむかえていた。それゆえに人口が急増しつつあった。しかし、中国の沿岸あるいは台湾などの海域部に目を転じると、まったく別の世界があったのではなかろうか。おそらくは昔ながらの採集漁撈狩猟生活を基本にする人びとが、徐々に膨張する農耕民族の影響を受けようとするころではなかったか。まだ十分な研究がないため、そのころ、中国南部の沿岸域や台湾がどんな状況にあったかは定かでない。こと日本列島については、まさに縄文時代のたけなわ、そんな時代であった。

じつは日本の縄文時代の前期あたりに相当するころ、中国南部からベトナムにかけての沿岸域、そして台湾などでも、日本の縄文文化とよく似た性格の諸文化が存在していたようだ。ことに台湾で大坌坑（タフェンクン）文化期として編年される時代は、日本の縄文時代の親戚にあたるような状況にあったらしい。撚糸紋《よりいともん》土器に似た縄目様の細い縄文が施された土器が製作・使用され、根茎類が中心の園芸がさかんに行われ、漁撈活動が非常に活発な生業をくり広げ、中国大陸と船で行き来していたらしいことなど、縄文人の生活と驚くほど似ている。それと同時に大坌坑文化は、若干の時代ギャップがあるものの、ラピタ文化とも共通点が少なくない。

ちなみに大坌坑文化や、台湾の沿岸部の廈門《アモイ》あたりで富国墩（フウクウォトウン）文化をになった人びとこそ、そもそもオーストロネシア語族の源流であったと考えられている。とするならば、オーストロネシア語族のオセアニア語系のポリネシア語を使うポリネシア人の最初の祖先グループが出立したのが、台湾や中国南部の沿岸部であったとしても、なんら不思議はないのだ。また、台湾の先住民グループ、つまりヤミやアイタルなど高山族は大坌坑人の直系の子孫と考えられている。

そもそもラピタ人のルーツを探すには、漁撈活動や航海術の発達をうながすような生活環境が十分にあった場所に目を向ける必要がある。ラピタ人が、その時代としては類《たぐい》まれな優れた航海民かつ漁撈民だったのは間違いないからである。また、オセアニア西部の離島に姿を現すには、実際、そこまで航海するしか道がなかったからである。

それにかなうのが、まさに東シナ海周辺の東アジアの海域部であったろう。今から一万年ほど前に始まる後氷期になって、この地方には当地の人びとの漁撈活動を育み、航海活動を活発にする条件が最大限に備わってきた、と考えることができる。その時代に海水面の上昇が進み、東シナ海や南シナ海にできた大陸棚が良好な漁場を提供することになり、ますます漁撈活動が活発となった。また、それまでに人間の居住地だった場所が臨海地となったため、あちこちと航海することを余儀なくされたはずだ。

かくして台湾、中国沿岸部、日本列島南部などの東シナ海の沿岸部に住む人びとは、生業の場を積極的に海に求めることになったろう。たしかに台湾の大坌坑文化も日本列島の縄文文化も、ことのほか漁撈民の文化としての性格が強い。

縄文人とその同時代人

日本列島の縄文時代の遺跡からは、すでに文明が興りつつあった大陸の文化と関連づけができるような遺物が見つからない。そのため、当時の日本列島は外界から完全に孤立した状態にあったのだろうと考えられてきた。

しかし台湾や華南の沿岸部あたりからは、たくさんの文化要素、ことに根菜類などの有用植物などが、縄文前期のころからどんどん伝達されてきたらしい。

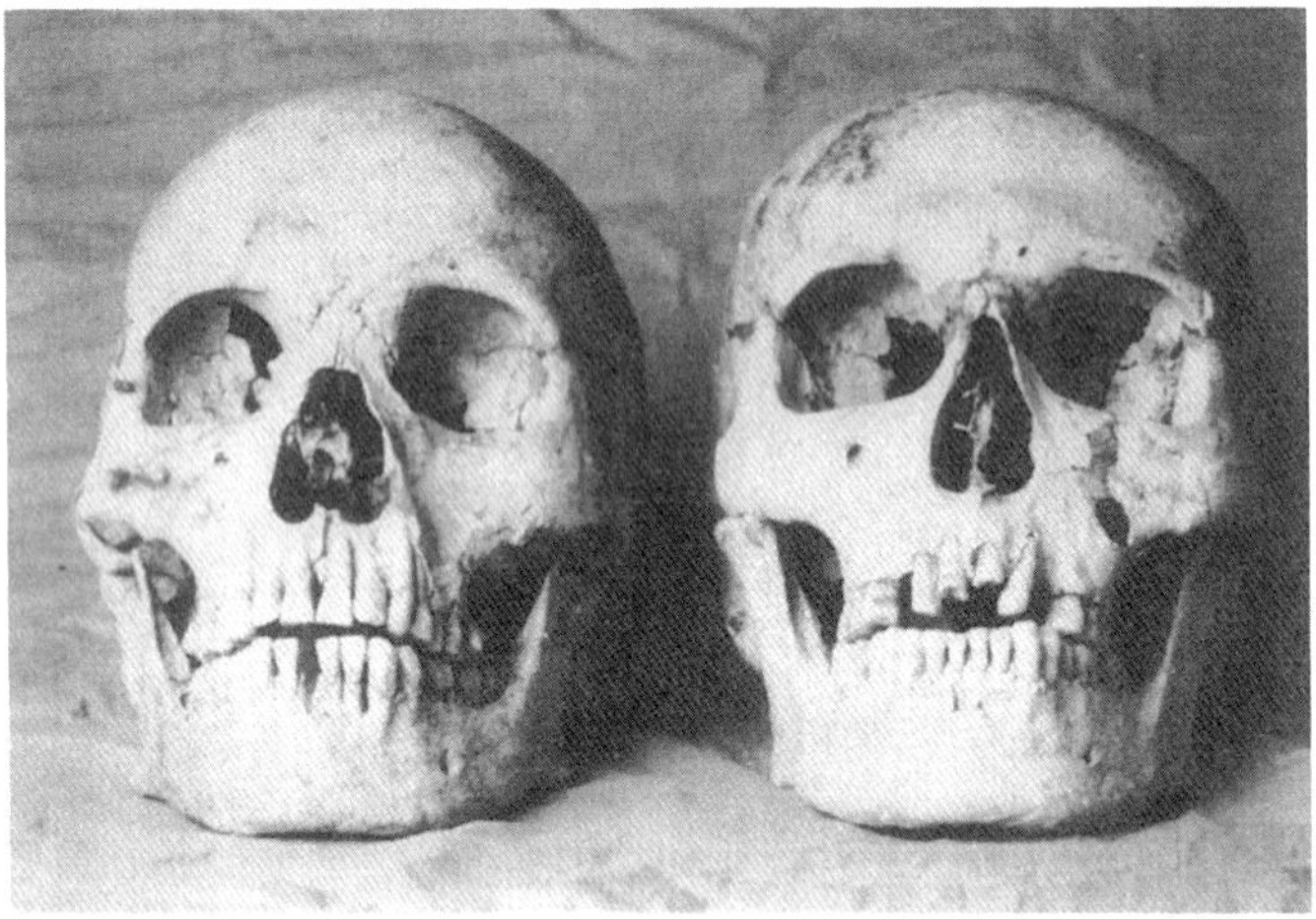

図１　日本列島の縄文人(右)と先史ポリネシア人(左)の頭蓋骨

彼らは「いとこ同士」の関係にあったかもしれない。

ところで世界各地のどこでも、まだ先史時代にあったところは、ことに文化伝播の類は一方通行で起こったのではないことが報告されている。とするなら、縄文時代の日本に台湾方面から文物の流入があったとすれば、当然、縄文人の文化を特徴づける何かが逆方向に流出したとしてもおかしくない。当時の東シナ海周縁の海域世界に存在したネットワークに乗って、台湾や華南のほうに発進された何かがあったとしても、けっして不思議ではないのではなかろうか。実際のところ土器などは、その有力候補といえよう。

　そもそも台湾、華南の沿岸部、さらにフィリピンなど、東シナ海の海域世界には、今から二〇〇〇年くらい前までは日本列島の縄文人と多くの共通項をもつグループが広く分布していた可能性が無視できない。海民的な性格をもち、オーストロネシア語族の元祖のようなグループである。日本語のなかにオーストロネシア語族の流れをくむような側面が珍しくないのは、そのためではあるまいか。ことに単語や発音などの面では、実際、日本語とオーストロネシア語族の諸語との間には親縁性のあることが指摘されているが、それはそのせいであろう。そう考えれば納得がいく。

　今から一万年前ころに始まる完新世になって、海水面が一〇〇メートルちかく上がる海進現象が起こった。その結果、日本列島や台湾は大陸世界から海流が走る海域によって隔絶されることになった。それによって生まれたのが日本列島の縄文人と独特の縄文文化なら、同じような旧石器時代人の生き残りのごときグループが台湾など東シナ海の海域世界で普遍的に存在していたとしても、なんらおかしくはない。

いわば縄文人もどきである。彼ら縄文人の仲間ともいうべき人たちは、中国の大陸で発明された文明に影響されることはなかった。あるいは人口が少なすぎて、その影響が希薄だったのか、あるいは文明の文物など必要としなかったのかもしれない。そのかわり、当時の世界でも屈指の域に達するような漁撈文化を成熟させ、おおいに航海術に長《た》けることになったのは間違いない。なにしろ海に囲まれることとなったのだから。

やがて、今から五〇〇〇年前のころになると、こうした東シナ海周辺の海域世界に住む縄文人の仲間たちのなかから南方へと拡散するグループが現れた。まずフィリピンへ、そしてインドネシアへと拡がっただろうが、その一部はインドネシア東部の島々をへて、さらにオセアニア方面へと進出した。そんな人たちがラピタ人だったのではなかろうか。だとすれば、ラピタ人の直系の子孫たるポリネシア人が、アジア人、ことに東アジアの人びとに似ているとしても、なんらおかしくはないのが道理だ。

さて、ふたたび最初のほうで紹介した新聞記事の話に戻ろう。南太平洋のバヌアツで発見された縄文土器のことは、たんなるエピソードとして簡単にかたづけなくともよいわけだ。そのわけを説明することは十分に可能である。

近年になって、誰かがいたずらして土器片を運んだとか、偶然の結果、そうなったとか、といわれることがある。もちろんその可能性はありうる。しかし、そんなことは考えなくとも、南半球の島で縄文土器が見つかったことに対する説明は十分に可能なわけだ。すなわち五〇〇〇年前ごろに日本で作られた縄文土器が流れ流れて、今から三〇〇〇年くらい前、つまりラピタ人のころにバヌアツあたりまで漂着したとしても不思議ではない状況が、たしかにあったのである。

さらに想像をたくましくすれば、もっと詳細につぎのように説明することはできないだろうか。まず、くだんの縄文土器片が、まだ完形品の一部であったころ、なんらかの機会に台湾あたりまで運ばれた。そこである期間、大切に保存されていた。それから縄文人もどきの流れをくむラピタ人によって、大切な護符の類か、あるいはなんらかの特別のものとして、南太平洋にまで運ばれる運命をたどった。そのあと長い間、バヌアツのエファテ島で眠っていたのだが、一九六〇年代になってフランス人の考古学者ガランジェ教授によって発見されることになった――こんな仮説はどうだろう。それほど唐突な話ではないように、私は思うのだが。
ときとして歴史は、ことに先史時代の歴史は、とんでもない謎を私たちに投げかけてくれるものだ。

「南太平洋で見つかった縄文土器」の後日譚

ごく最近のことであるが、クルーズ船に乗りポリネシアの島々をめぐる機会に恵まれた。最終上陸地であるハワイイのホノルルで下船して、そこのビショップ博物館で篠遠喜彦博士を訪ねたところ、ビックリする話を聞かされた。

某新聞にふたたび、バヌアツで発見された土器についての記事が出ている。その内容は、某大学の考古学教室にあった円筒下層式の縄文土器片がパリの博物館に寄贈され、それがバヌアツで見つかった土器に混じったのだ云云《うんぬん》である。そんなこと、とても私には信じられない、とのことだった。

もちろん日本に帰ったのち、その記事の経緯を詳細に調べた。当の記事は「バヌアツ出土の土器、日本からの寄贈物？　縄文人の太平洋渡航に疑問符」との見出しで、ほぼ篠遠博士に聞いたとおりの内容だった。私には相当なショックであった。また同時に、かなりの独断をまじえた軽々しい憶測記事ではなかろうかと、いささか腹だたしい思いがした。

なぜ腹だたしいかというと、ニュースソースがきわめてあいまいであること、人づてに聞いたような話が、いかにももっともらしく書かれていることである。実際、篠遠博士も相当あちこちと調査されたらしいが、どの筋からも、そんな新聞記事にあるような事実を疑わせる匂いはなかったという。ことに、その土器片の発見のことを一九七二年に報告したフランスのジョセ・ガランジェ教授などは、悪質な言いがかりだとカンカンだという。私の調査結果も腹だたしいことばかりなので、ことの委細は割愛する。

それに「縄文人の太平洋渡航に疑問符」というくだりも不愉快である。私の知るかぎり、縄文人が南太平洋に渡っていったのだろうとか、くだんの土器標本に関しても、たしかに縄文人が持っていったのだろうだとか、真面目に考えている研究者はいない。考古学にも、人類学にも、言語学にも、はたまた先史学にも、そんな見解を表明している南太平洋の専門家はいない。もちろん外国人の研究者にもいない。唯一、アメリカの人類学者であるL・ブレイス教授が、そんなニュアンスのことを学術論文に記しているだけだ。

「海を渡った縄文人」の話を一人歩きさせたのは、マスメディアそのものである。そんなことが真実だと世間の一部で受け取られているとしたら、はっきりしているのは、それはマスメディアの責任だということである。当の記事にも、そうした責任に対する贖罪《しょくざい》のつもりで書かれたようなふしがあるので、私は胡散臭《うさんくさ》いと思うのだ。

例の旧石器の発掘捏造《ねつぞう》事件とは、まったくわけが違う。あの事件は、考古学の専門家がデッチアゲ話を膨らませていき、それに別の考古学の専門家やマスメディアが追随していったことが、ああいう結果を招いたのだ。なんら責任ある報告書もないのに、いかにももっともらしいということで、どんどん事が運ばれていったのである。ここでのケースは、その逆である。

「常識では、もっともらしくないこと」が相手なのである。それに対して、なにも専門知識のない新聞記者が「常識では考えられない」から、あるいは「現時点では確かなことがいえない」からという理由だけで、いいかげんな根拠にもとづいた「常識めいた推理」をして、よいわけがない。

ここで私が述べたように、たしかに常識では考えられない発見である。だからこそ、研究者たちは謎の解決に挑むのである。だからこそ、きちんと報告書に記述し、第二番目の例、第三番目の事例を見つけるべく努めるのだし、いろいろな可能性を検討していくのである。それに一生を捧げるがごとき意気ごみで答えを探しているのである。そんな試行錯誤を、「常識では考えられない」からという、ただそれだけの理由で茶化してはいけない。

私自身、ガランジェ教授も篠遠博士もよく知っている。ご両人とも私は個人的にたいへん尊敬している。なによりも私たちポリネシア人研究を進めてきた者にとっては、そう多くはない誇り高き先輩だからである。いかがわしげな人たちでは断じてない。もしも万一、その記事に書いてあることが事実だとすれば、そんな人たちを騙してきた関係者に対して、いいようのない怒りをおぼえるのだ。

最後に一言つけくわえておきたい。「常識では考えられない」ことだからこそ、その謎を解くべく学問が始まるのだ。それから、もう一度、くりかえしておこう――ことに先史時代の歴史というものは、ときにとんでもない謎を私たちに投げかけてくれるのだ。

オセアニアに乗り出したモンゴロイド

オセアニア

地球上のオセアニアの広さと位置を実感することから、まず始めよう。赤道が地球の北半球と南半球とを分ける。そしてヨーロッパ文明は、西半球と東半球に分けることを工夫した。さらにもう一つ、地球は「海の半球」と「陸の半球」とに分けることもできるのだ。

地球の海の半球、あるいはモンゴロイドの半球

たとえば太平洋のまっただ中あたりの上空から人工衛星か何かで地球を眺めるとしよう。地球は図2のように見えるだろう。これもまた、もう一つの地球の姿なのである。ほとんど海ばかりしか見えないわけで、「海の半球」とよぶことに異存はなかろう。オセアニアに拡散したモンゴロイドの歴史を物語るためには、この「海の半球」から人間そのものの

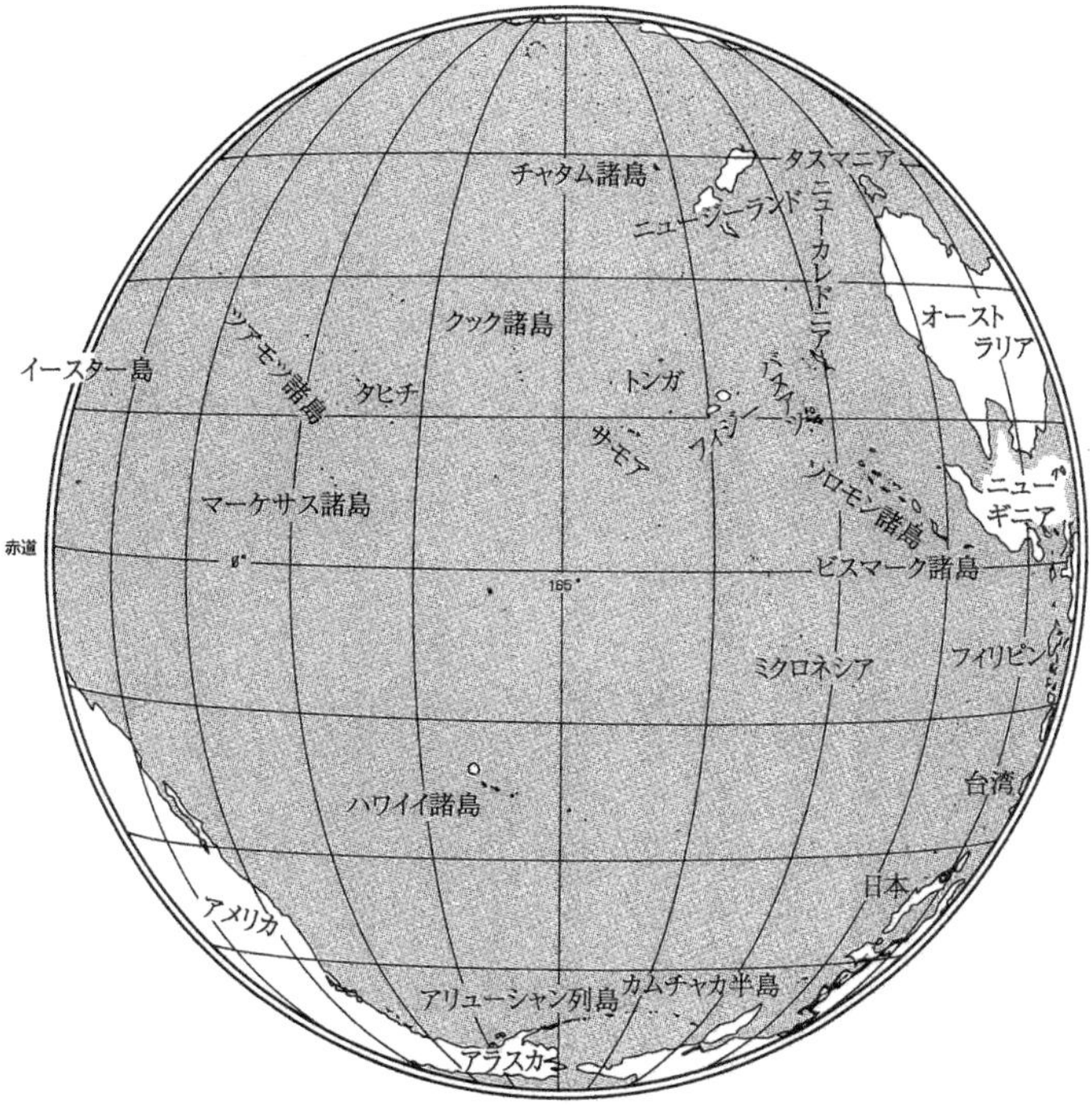

図2　地球のもう一つの姿
海の半球、あるいはオセアニアの半球。

歴史を発想する視点が必要なのだ。

ところで「海の半球」はまた、同時に「モンゴロイドの半球」でもある。少なくとも人類学では、そういうレトリックが許されるだろう。この奇妙な地球の表面は、コロンブス以前の昔、そっくりそのままモンゴロイドのテリトリーだったからである。アジアはいうまでもなく、その中枢部に散らばる南太平洋の島々しかり、アメリカ大陸しかり、そして後述するようにオーストラリア大陸もまた、モンゴロイド系のグループが先住するところであった。ともかく完全ぐるりと、この半球には、かつてはモンゴロイドだけが住む世界が広がっていたのだ。そして、その実質部分がオセアニアなのである。

まずここでは、このオセアニアを舞台にくり広げられた先史モンゴロイドの拡散のドラマを要約してみたい。人類学・考古学・比較言語学など先史学にかかわる研究分野で、これまでに得られた知見を総合して、そのドラマをシナリオ風にまとめてみたい。

本題に入る前に、少しばかり寄り道して、このドラマの舞台装置のようなものを点検しておこう。

オセアニアの領域区分

オセアニアとは、南太平洋の諸島とオーストラリア大陸とを合わせた地域をよぶのが普通だが、だいたい地球全表面積のうち三分の一ほどにも及ぶわけで、なにぶんにも広すぎる。また、気候や地理や地形条件など自然環境も複雑すぎる。そこで、なんらかの領域区分を設ける必要があろう。ちなみに地理学では従来、オーストラリア、メラネシア、ミクロネシア、ポリネシアに区分することが多い。

その従来の慣行をあえて離れて、オセアニアにおける人間の拡散と植民の歴史を効果的に記述しようという目的で、新たな領域区分を試みたのは、ニュージーランド、オークランド大学のロジャー・グリーン教授（一九九一）である。彼は生物地理学や海面変動に関する知見をも援用して、オセアニアの地図の上に三本の境界線を想定することにした（図3）。また彼は、ハックスリー線（あるいはウオーレス線）の東側にあるインドネシア東部の島々もオセアニアの枠組みで考えることにした。最近、なにかと話題となるチモール島などである。

ハックスリー線については、多くの説明はいるまい。動物地理学で東洋区とオーストラリア区を隔てる境界線である。今から七万年〜一万年前ごろ、くりかえし訪れた海退時には、ここから西にはスンダ大陸が浮きあがり、そして東にはウオーレシアという多島海を

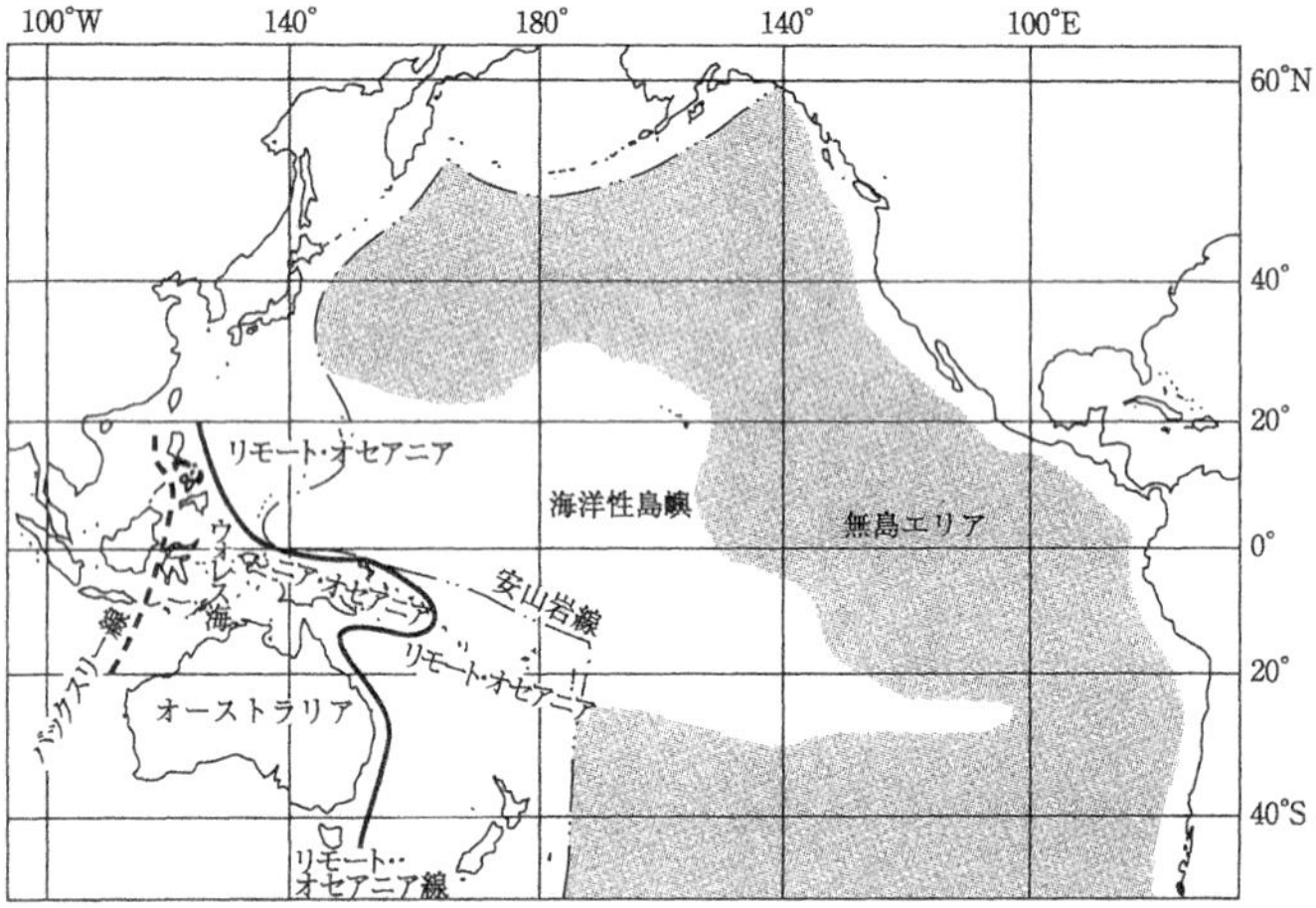

図3　オセアニアの領域区分とそれらの境界線

挟んで、サフル大陸が広がっていた。

リモート・オセアニア線とは、そのころの海進・海退現象とともに浮き沈みしたサフル（大オーストラリア）大陸とその外縁の島々を、その外側の広大な海洋世界から隔てる境界である。この線の西側では、どんなに離れていても隣の島が遠望できる。そして安山岩線の外側は、もう安山岩も大陸性の岩塊もない島々だけの世界となる。まさに正真正銘の海洋世界が広がるだけの領域を画する境界である。

リモート・オセアニア線の外側はリモート・オセアニア。この線とハックスリー線の間は、北側が世界第二の巨島ニューギニアとその周縁の島々からなるニア・オセアニア、そして南側がオーストラリアである。したがって、従来はポリネシアとミクロネシアに分けられていたエリアが、そっくりそのままリモート・オセアニアに入る。またメラネシアについては、ソロモン諸島南部のサンタ・アナ島とサンタ・カタリナ島の間の海で、ニア・オセアニアとリモート・オセアニアとに区別されることになるわけだ。

オセアニア周辺の人間の歴史を語るとき、この領域区分はたいへんに有効な枠組みを提供してくれる。この区分を頭にインプットするだけで、いつのころ、人間がはじめて住み着いた諸島なのか、いとも容易にイメージできるからだ。

すなわち、ハックスリー線の西側の東南アジアでは、人間の歴史は一〇〇万年ほども前のジャワ原人のころまでさかのぼる。ところが、その東側の世界、つまりオセアニアに人間という名前の哺乳動物が登場したのは今から五万年ほど前、すでに更新世という地質年代が終わりに近づいたころでしかない。それでもオーストラリアやニア・オセアニアは、更新世のうちに人間の分布域となった。しかしリモート・オセアニアが人間にはじめて開拓されたのは、せいぜいのところ今もつづく完新世がなかばを過ぎたころ、今から四〇〇〇年くらい前のことでしかない。さらに安山岩線を人間が越境するには、今から二〇〇〇年をさかのぼるころまで待たねばならなかった。

オーストラリア人はモンゴロイドなり

オーストラリア人、つまりオーストラリア先住民はモンゴロイドの一分派なのである。けっして正体不明の特殊な人びとであったり、化石人類の生き残りなどではない。このことについては、すこしばかり注釈が必要であろう。

これまでの人類学はオーストラリア人やニューギニア高地人について、彼らの容貌が醸しだす外見での違いをことさらに強調してきた。ときに「オーストラロイド」などのラベルを貼り、あるいは「人種の孤島」などの言い方で特殊性を強調したのだ。そうしてアジア方面の人間集団と厳密に区別してきたのである。

ところが最近になって、ようやく血液型などについての遺伝子レベルでの知見がつまびらかになってきた。その結果、オーストラリア人などもまた、アメリンド（アメリカ大陸の先住民グループ）などと同様、アジアなどのモンゴロイド系グループと密接に関係することが明らかになってきた。くわしくは斎藤（一九九六）などを参照されたいが、オーストラリア人にしてもニューギニアの高地人にしても、ヨーロッパ人やアフリカ人との関係は弱く、アメリンドの人びとがそうであるよりもさらに、アジアのモンゴロイド系グループと近縁な関係にあることが判明してきたのだ。

そもそも「モンゴロイド」という概念自体、人類学に関係した分野の研究者の間でも、いささか混乱しているようだ。大きく分けると二つの立場がある。

ひとつは一九世紀さながらの因襲的な用法である。今から二万年ほど前の最終氷河期のころ、北アジアや東北アジアで寒冷適応の結果として生まれた、腫れぼったい眼をした顔貌、ズングリムックリの胴長短脚の体形、いくぶん多めのカロチンを表皮に持つために黄調を帯びる皮膚色などの身体特徴をもつグループだけを指す。もう一つは、見かけの容貌などにはとらわれないで、先史時代のアジアでくり広げられた人間の拡散現象の歴史にも

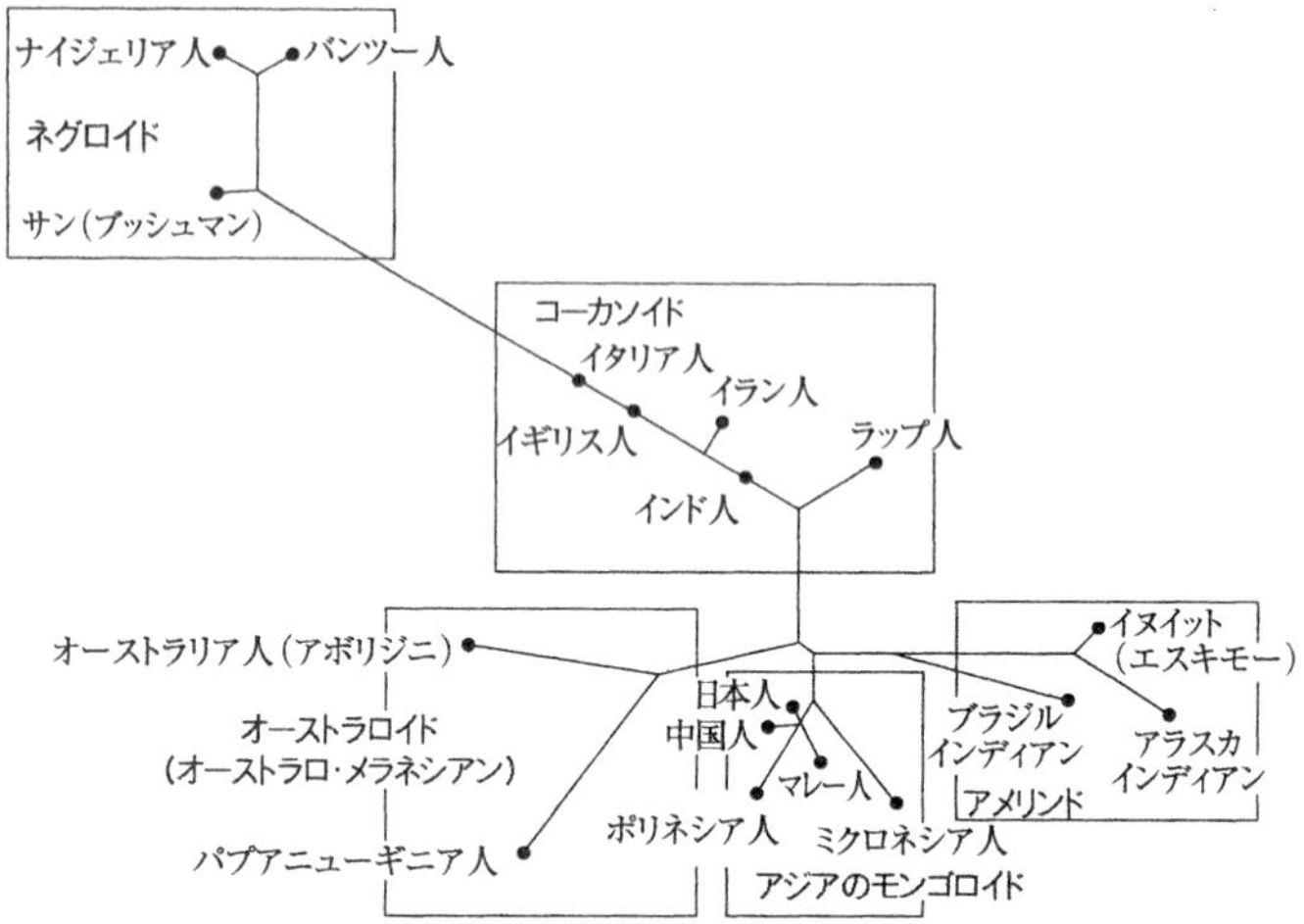

図4　血液型遺伝子は語る「ポリネシア人はアジア人なり」

世界の18の民族集団について23種類の遺伝子の情報をもとに近隣接合法によって推定した遺伝的な近縁関係。集団と集団とつなぐ線の長さは遺伝距離に比例している。

(斎藤、1993より)

とづく用法である。こちらはアジア大陸やその周縁部をホームランドとする人間グループ、つまりはアジアに出自したとおぼしき人間集団をみな、おしなべてモンゴロイドと考えるのだ。さしずめ、前者は「小モンゴロイド」概念、後者は「大モンゴロイド」概念ということになろうか。

このうち「小モンゴロイド」概念は、今や破産寸前の状況にあるようだ。

後期更新世のころに起こったアジア大陸の東部からアメリカ大陸への拡散現象、そして同じころに東南アジア方面から、あるいは完新世になって東南アジアや東アジアから起こったオセアニアへの先史人グループの拡散現象をうまく説明できなくなったからである。これら先史時代の拡散現象は「アウト・オブ・アジア」とよばれるが、さきに述べた「海の半球」の先住グループすべてがアジアに起源したことが明らかになってきたのだ。また、少なくとも生物学的にはオーストラリア人やアメリンドなどでさえ、アジア地方のモンゴロイド系グループと厳密には区別できず、コーカソイド系やネグロイド系のグループと対比したときに、彼らをモンゴロイドの枠内に包括しない理由が見あたらなくなってきたのである。

いずれにしても、かなり詳細に先史時代のアメリカ大陸や東南アジア、さらにはオセアニアの各地域で人間の歴史の様子が明らかになった現在、「小モンゴロイド」概念は、もはや人類学の実状にそぐわなくなったようだ。そこで「典型的」とか、「新」や「古」とか、あるいは「寒冷適応型」とかのさまざまな形容辞を「モンゴロイド」の頭に付けることで打開策を講じようとする向きが生まれたのだが、いささかも混迷が緩和されたようには思えない。だから、それも必要なかろう。

これからは、モンゴロイドという用語は、時空を超えて存在してきたアジア系の人間グループほどの意味あいで使うべきだろう。したがって、オーストラリア人も含めてオセアニアの人びとについては、おしなべてモンゴロイドなり、という表現が妥当なのだ。

ようやく舞台設定が完了した。いよいよ、ここでの主題となる「オセアニアに乗り出したモンゴロイド」のシナリオを完成させなければならない。

「海のモンゴロイドの拡散」シナリオ

モンゴロイドのオセアニアへの拡散――第一幕

じつのところ、先史モンゴロイドのオセアニアへの拡散現象を説明するのは、たいして難しいことではない。せいぜいのところ三幕もののシナリオを用意すれば事足りる。

ことにニア・オセアニアでは、このあたりの民族相が錯綜のきわみの状態にあるため一見複雑そうに見えるが、この原因は、この地域の複雑きわまりない地理条件地形条件のせいで、それぞれの集団が過剰に適応放散し、細かく分節化していったためである。けっして人間の移住の波が何回も押し寄せてきたためではない。おおぜいの人間が一挙になだれこむがごとき疾風怒濤の民族移動のような出来事が先史時代にあったわけではない。

まずは第一幕。更新世の終わりころ、およそ今から六万年ないし四万年ほど前の地球の寒冷期、つまりは海退期にあたるころ、人類史上ではじめてハックスリー線を越えたジャワ原人の末裔《まつえい》たちの物語である。彼らは当時のスンダ大陸からサフル大陸に拡がっていった。オセアニアに人間の第一歩が刻まれたのはこのときで、この意味でハックスリー線は、人間がオセアニアへ展開したときの〝ルビコン河〟となったのである。

おおげさな言い方をすれば、人間がはじめて海を征服した出来事であった。当時は海岸線が遠ざかる海退期であったため、それぞれの島の距離が小さくなっていたとはいうものの、ハックスリー線の西のスンダ大陸から、現在のオーストラリアとタスマニア、そしてニューギニアとその周縁の島々に広がるサフル大陸に移住するには、最大では六五キロから一〇五キロほど離れた島々を飛び石づたいに、ウオーレス多島海を渡海しなければならなかったからである。

それでもウオーレス多島海を越えてしまうと、最初のオーストラリア人、あるいは最初のニューギニア人ともいうべき彼らサフル人たちは、あっという間にサフル大陸一円に拡散していった。かくして旧サフル大陸の各地での人間の足跡は少なめに見積っても、オーストラリアで五万年前あたり、タスマニアで三万年近く、ニューギニアで四万年程度、ビスマーク諸島で三万年前ほど、そしてソロモン諸島でも三万年近く前までさかのぼる。

一般に生物は同種の個体が分布しない処女地にはすばやく広がるものだが、それにしてもはやい。ハックスリー線の手前で一〇〇万年近くの長い間、足踏みしていた人類の歴史のことを考えると、この拡散現象がいかに飛躍的であったかが想像できるだろう。

こうしてニア・オセアニアとオーストラリアは、今から五万年ないし三万年前のころにモンゴロイドが住むところとなった。おそらくは最初は、きわめて限られた人口にすぎなかったろうが、その人たちはウオーレス多島海を渡るときとソロモン諸島に拡がるときに樹皮ボートなどの原始的な渡海手段を用いた以外、基本的には陸づたいに拡散していったものでもあろう。海の道をたどるほかないリモート・オセアニアは、まだ人間には遥か彼方の未知の世界であった。

モンゴロイドのオセアニアへの拡散―第二幕

その後、何万年もの時間が経過した。今から四〇〇〇年前をすぎたころ、ニューギニアの北東の沿岸部やビスマーク諸島一帯の島々に、それこそ忽然《こつぜん》と姿を現したのがラピタ人である。まだ彼らの起源についてはよくわかっていないが、日本の縄文人などのように東シナ海や南シナ海の沿岸域で臨海生活にうまく適応した先史モンゴロイドのグループにルーツを求めることができよう。

このラピタ人こそ、人類史上で最初にリモート・オセアニアの海洋世界に進出した人びとであった。南太平洋の西隅にある諸島に登場するやいなや、想像もつかぬほど優れた航海能力を駆使して、またたく間にリモート・オセアニア線を越境して、はるかトンガやサモアの西ポリネシアの島々に拡散していった。ともかく、ラピタ人は世界最古の遠洋航海民とよばれるに十分な資格をもつ人びとであった。

したたかにリモート・オセアニアの島々に定着していったラピタ人は、それぞれの島の生活環境に適応し、すこしずつ自らの体形ばかりか、生活や文化を変容させていった。こうして、西ポリネシアではポリネシア人、フィジーではフィジー人、そしてニューカレドニアではカナカ人へとしだいに変身していったのである。

その後、もっとも東に進んだラピタ人から生まれたポリネシア人は安山岩線の向こう側にも拡がり、ポリネシアの大三角圏に散らばる島々をつぎつぎと植民していった。タヒチあたりの東ポリネシアの島々は西暦が始まる前後のころ、ハワイイ諸島は一五〇〇年前のころ、イースター島は紀元千年紀の間に、そしてニュージーランドは約一〇〇〇年前のこ

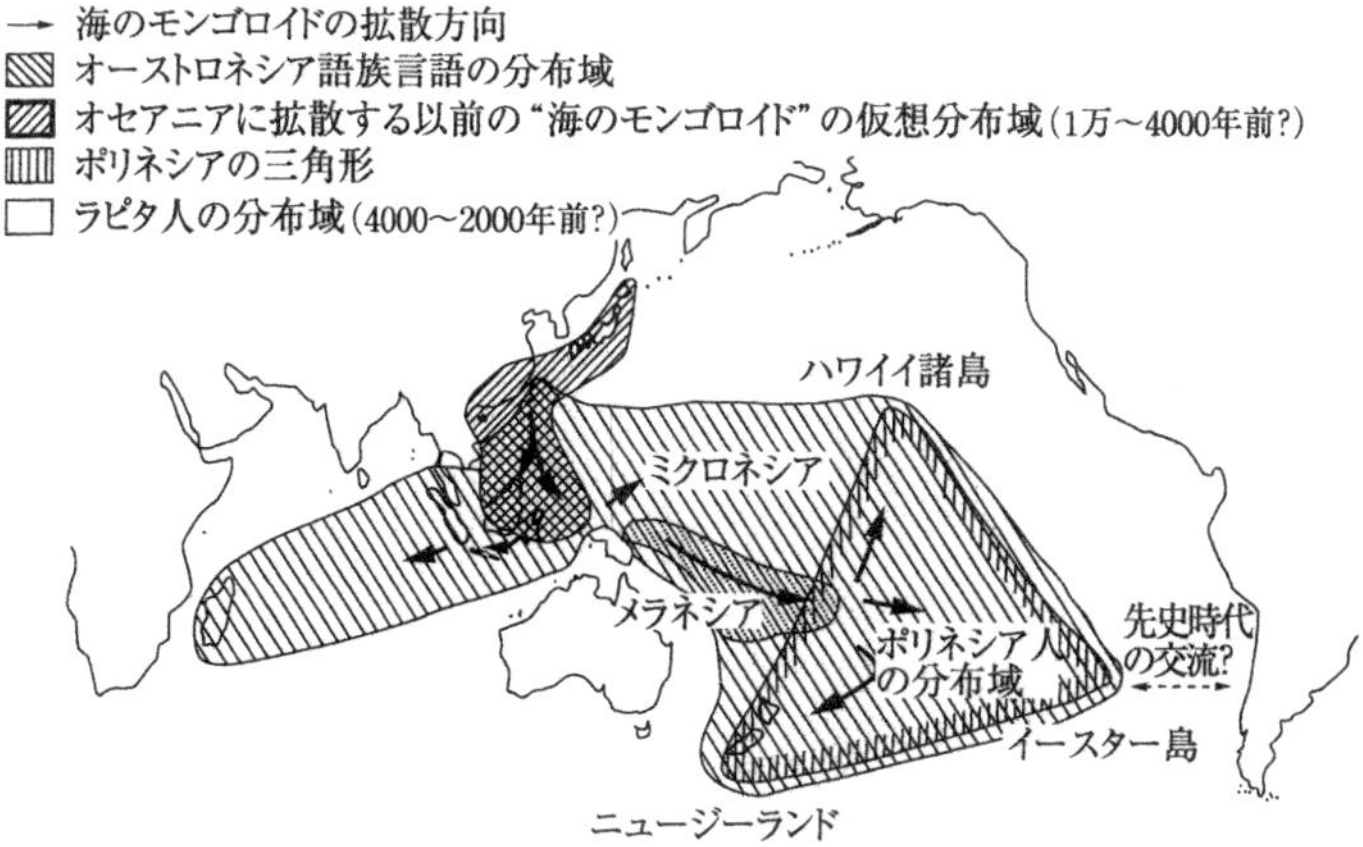

図5　モンゴロイドのオセアニアへの拡散シナリオ第二幕
今から6000～2000年前ごろ

ろに、彼らによって植民された。おそらく今から一〇〇〇年前前後のころは、「ポリネシア人の大航海時代」ともいえるような時代があり、ポリネシアの島々を自在に往来していたのであろう。イースター島などに到達したグループは、さらなる東進の旅をつづけ、南北アメリカ大陸の太平洋岸にまで遠征航海をした可能性が大である。

かくして新たにリモート・オセアニアの全域が人間のテリトリーに組みこまれた。今から一〇〇〇年あまり前にポリネシア中の島々に住みついたポリネシア人の植民活動は、オセアニアの海洋世界を舞台にした、先史モンゴロイドの雄大な拡散のドラマの掉尾《とうび》を飾るにふさわしい出来事であった。先史ポリネシア人こそ、まさに「南太平洋のバイキング」、あるいは「石器時代のバイキング」とよぶに値する人びとなのだ。

オセアニアに乗り出したモンゴロイドの拡散のシナリオを描きながら思うのである。「海の半球」を開拓しつくしたモンゴロイドの拡散活動は、アメリカ大陸に渡ったモンゴロイドのそれに比べても、けっして遜色《そんしょく》するものではない。とくにポリネシア人、ラピタ人、それに彼らと同じ「海のモンゴロイド」の系譜に連なる人びとの長い長い旅は圧巻である。遥かなる東アジアの原郷を離れて、海上の道をたどり、人類史上ではじめてリモート・オセアニアに進出したラピタ人。さらに航海活動を円熟させ、地球の半周にも及ぶ距離もなんのその、リモート・オセアニアの隅ずみの島々までもつぎつぎと植民していったポリネシア人。彼らの開拓精神と植民活動の成果は、これまでに陸上動物たる人類が達成した偉業のうちでも、もっともめざましいものの一つに数えてよいだろう。

オセアニアへの拡散シナリオ補遺

より完璧なシナリオを望むならば、さらにもう一幕、つけ足しておいたほうがよいのだろうか。

すでに概括したように、オセアニアに拡散した先史モンゴロイドの流れには歴史を隔てた二つの本流があったわけである。その二つの流れをになった人びとはニア・オセアニアにある大きな島の沿岸域や島々で出会うこととなり、やがて合流する局面も生まれた。その両者がさまざまなかたちで入り混じった結果、そのあたりの民族相はいっそう複雑なものとなった。そうして混合したグループの一部は、その後、ミクロネシアやリモート・オセアニアのメラネシア側の島々にも拡がっていった。

また今から六〇〇〇年くらい前には、ひきつづき海進が進んだ結果、オーストラリア大陸とニューギニアがトーレス海峡で切り離されてしまい、オーストラリアとニューギニアの先住者たちは別々の道を歩むことになった。そうして、この両地域では互いに異質な人びと、言語、文化が育まれていったのである。

蛇足となるが、アジア大陸で歴史時代をむかえるころ、すでに金属文化をもった新たなるモンゴロイドのグループが南シナ海からインドネシアにかけての地域に拡がり、そのあたりの民族模様を大きく変えたようである。海のモンゴロイドの原郷と考えられる台湾はもとより、フィリピンからマレーシアやインドネシアのあたりも様がわりした。そうした影響はインドネシア東部の島々、ニューギニアの最西部、そしておそらくはミクロネシアの西端の島々にも及んだようである。しかし、その詳細はさだかでない。

かくて、海のモンゴロイドの原郷あたりも、彼らがたどった道筋にあたるあたりも、もはや昔のままではない。彼らが拡散したころから何千年もたった今、彼らの足跡、あるいは航跡をさかのぼっていくのも容易ではないのだ。

この後の章では、オセアニアに進出した海のモンゴロイドのうち、もっとも遠くまで展開していったポリネシア人につき詳述してみたい。

海のモンゴロイドの最前線1　ポリネシア

ポリネシア世界

ポリネシアの海洋島嶼世界

ポリネシア、この言葉はギリシャ語で「たくさんの島々の世界」を意味する。一九世紀のヨーロッパ人による造語である。その名前が意味するとおり、星の数ほどもある無数の小さな島々が散在するだけの果てしなき海洋世界である。太平洋の中核を占めており、いわば「奥太平洋」にあたる。地図の上に北端のハワイイ、西南端のニュージーランド、そして東端のイースター島を頂点とする三角形を描けば、その広がりこそがポリネシアである（図6）。

このポリネシアの大三角圏は、ただ領域だけを問題にするなら、地球全表面積の六分の一以上に及ぶほどで、とてつもなく広大である。しかし陸地面積は、唯一の大陸島である

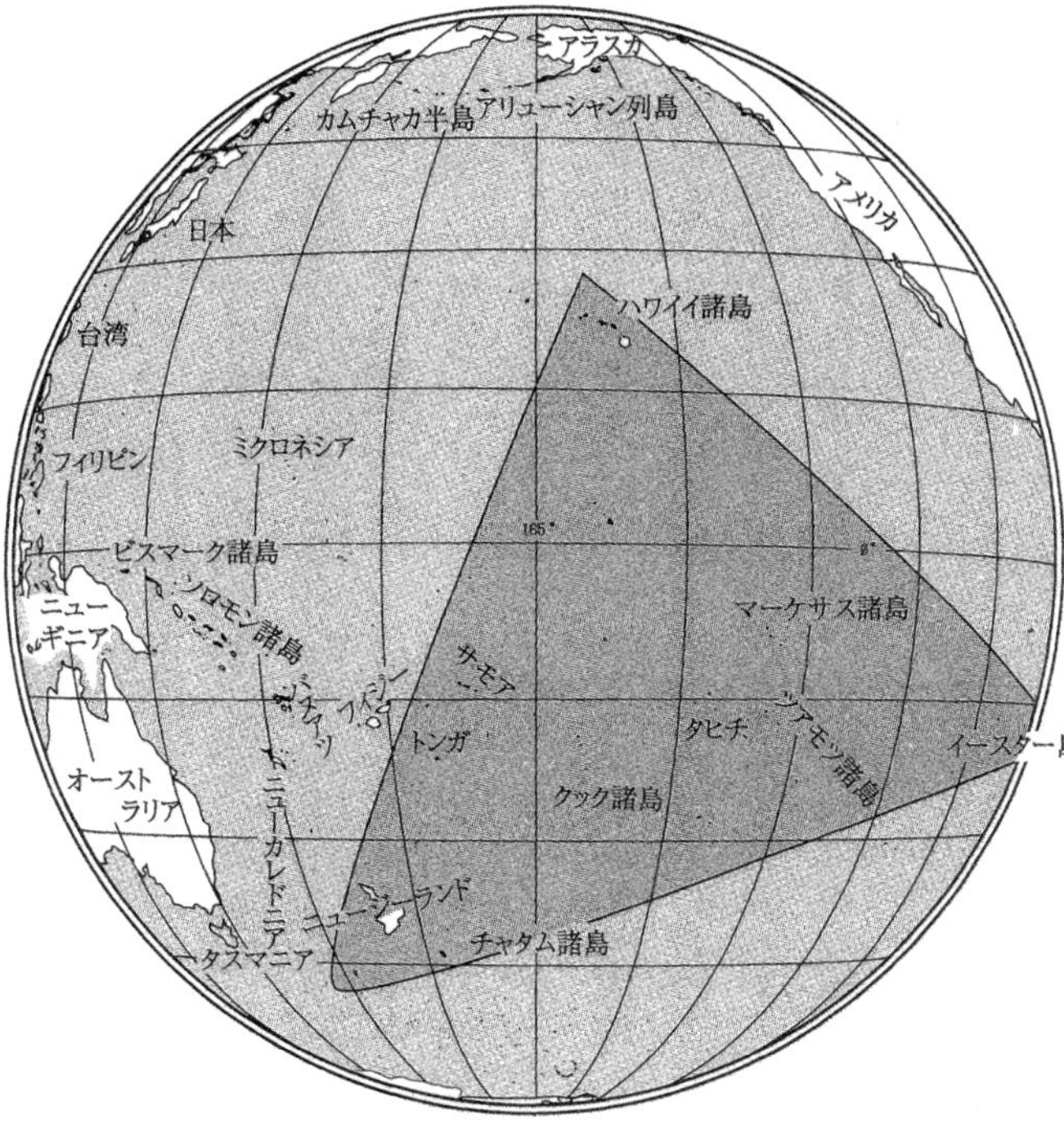

図６　ポリネシアの大三角圏

ニュージーランドをのぞくと、すべての島を合わせても、たかだか日本の九州くらいの広さにしかならない。深い静かな太平洋盆のなか、海底火山の頂上にできた多数の孤島だけが陸地を形成する。まさに海の世界なのだ。

ポリネシアは広漠たる海の世界であるがゆえに、人間の歴史のうえではマイナーな地域だった。同時に、ひときわ異彩を放つ地域でもあったこともたしかである。とりわけ特徴的なのは、人間の歴史の奥行きが極端に浅いことである。人類の祖先が誕生してから現在にいたる長い歴史を一年にたとえれば、ポリネシアの島々に人間が登場するようになるのは、やっと大晦日の夕刻あたりの勘定になる。もうひとつの特徴として、この地域の孤立性をあげることができよう。ポリネシアの人間社会は、この海洋島嶼《とうしょ》世界で、ほとんど純粋培養に近いかたちで短期間のうちに自律的に育っていったものだ。

ポリネシアにかぎらず、真の太平洋たるリモート・オセアニアの人間の歴史は、せいぜいのところ完新世も半ばをすぎたあたり、今から四〇〇〇年前あたりまでにしかさかのぼらない。アフリカの六〇〇万年、ユーラシアの一〇〇万年、オーストラリアの五万年、アメリカ大陸の二万年など、はるか更新世《こうしんせい》の昔にまでさかのぼる大陸世界の人間の歴史に比べれば、例外的といえるほど新しいわけである。

このようにポリネシアを中心とするオセアニアの海洋世界は、汎地球動物への道を歩んだ人類の道のりのなかでは、最後まで無人の聖域として残されていた。人類の地球開拓史における最後の舞台となったのである。この未知の海洋世界への進出は、陸上動物たる人類にとって新しい空間への飛躍を意味するもので、アフリカからユーラシアへの拡散、アジアからアメリカやオーストラリアへの拡散にも匹敵する画期的な出来事だったのだ。

とくにポリネシアは、遠距離の島々を結ぶ巧みな航海術を手にいれ、貧弱な陸生資源によく耐え、不毛な孤島を植民する戦略を開発した者たちにのみ接近可能な空間であった。大海洋に星のように散らばるポリネシアの島々の開拓は、あえて譬《たと》えれば、「いつか将来おとずれる宇宙空間の開発のようなものであろう」というのが「スペース人類学」を展望する研究者たち（たとえば、ハワイイ大学のベン・フィニー教授）の言である。

人間に最後の処女地として残されたオセアニアの大海洋世界に進出して、人類の地球開拓史のフィナーレを飾る役割を果たしたのは、まさしくモンゴロイドの一派であった。ここでは、そんな海のモンゴロイドの代表であるポリネシア人を主人公にして、ポリネシアの海洋世界を征服するにいたる彼らの偉業にまつわる物語を展開してみたい。

ポリネシア人

まずは主人公のポリネシア人に登場を願おう。ポリネシアには、一説によると三〇〇〇とも、あるいは八〇〇〇にものぼる島々があるといわれる。しかし大海原に、ただ小さな島々が散らばっているだけではない。先住民のポリネシア人とよばれる人たちが由緒正しい歴史を連綿と刻んできた舞台なのである。

ハワイイもニュージーランドも、イースター島も、そして名もなき絶海の孤島にも、ポリネシアのおよそあらゆる島には、ヨーロッパ人の探検航海者たちが南太平洋に出没しはじめるよりも遥か昔から、したたかなポリネシア人の生活がつづいていた。トンガ諸島周辺、タヒチ島の周辺、ハワイイ諸島のように、ときに国家とよべるほど複雑に発達した首長社会さえ築かれていたところもある。

それら島嶼社会は、「高い島」である火山島とか「低い島」の環礁《かんしょう》島（アトール）など、各島の地形条件によって、多少とも生活形態は異なっていたが、物質文化の内容とか言語については、たがいに驚くほどよく似ていた。いずれも新石器時代の生活技術のまま、それぞれの島で工夫を凝らした根菜農耕や果樹園芸を発達させ、さらには巧みな漁撈活動を生業の基幹にしていた。どこでもオーストロネシア語族のポリネシア語に属する非常に近縁な言語を用いて、まったく文字のない生活を送っていた。人びとの身体特徴もおそろし

表1　ポリネシア人のユニークな身体特徴

1．“筋肉マン型”の大柄な骨太体形
2．強い肥満傾向
3．各種身体形質の強い偏異傾向
4．アジア人的な，ときには“過度にアジア人的な”身体特徴

く均質で、どの島の住民もたがいによく似た高身長で骨太の体形と見栄えのする容貌を誇っていたのである。

このようにポリネシア人は、桁外《けたはず》れに広い範囲に分布していたにもかかわらず、文化と身体特徴の両面できわめて均質である。一つの民族グループの範疇に収まるのは間違いない。したがってポリネシア世界の先住者たちをポリネシア人、あるいはポリネシア民族と総称するに、いささかの異論もなかろう。ちなみにポリネシア人の身体特徴は、表1のように要約できる。

あえてポリネシア人を区分すれば、トンガやサモアの周辺の西ポリネシア人、中央部ポリネシアや辺境ポリネシアの東ポリネシア人、そしてメラネシアやミクロネシアの島々に飛び地のように散らばるアウトライアー・ポリネシア人に分けることができる。身体特徴に関するかぎり、ポリネシア人らしさがもっとも濃厚なのは東ポリネシア人で、西ポリネシア人、アウトライアー・ポリネシア人の順で弱くなる。しかしアウトライアー・ポリネシア人はともかく、東西のポリネシア人の違いはあい

表2　ポリネシア人の身体特徴

1)　ポリネシア人の骨学的特徴

脳頭蓋：	大型で高頭
	矢状隆起がよく発達(五角形の後面観)
	縫合、特に人字縫合が複雑
	外後頭隆起がよく発達
	大きめな前頭骨
顔面頭蓋：	著しく大型の顔面部
	高眼窩、高鼻
	歯槽性突顎は弱い
	頑丈な下顎骨(ロッカー状のものが多い)
	歯は相対的に小さい
体肢骨：	頑丈な四肢骨
	やや胴長
	遠位部が短めの脚
	わん曲や捻転の強い四肢骨
その他：	メトピズムや下顎隆起はほとんど皆無
	外耳道骨腫が多い

2)　ポリネシア人の生体学的特徴

皮膚：	オリーブ色がかった褐色から濃褐色
頭髪：	黒い波状毛
体毛：	特に多くはない
頭形：	短頭寄り
眼裂：	広く開いている
	二重瞼が一般的、モーコひだはほとんど皆無
頬骨：	軽く突出
鼻：	幅広で、大きく、鼻梁はストレート
口裂：	大きめで、厚めの唇
下顎：	大きめで、張り出す

まいで、むしろ両者は漸次移行的でさえある。

各島の先史遺跡から出土する古人骨や考古遺物を調べると、現代のポリネシア人でみられる身体形質や文化面での特徴、そしてそれらの均質性が、古い時代から一貫して存在していたのは明らかである。彼らポリネシア人の直系の祖先によって定着されたことを否定する証拠は、いずれの島にも、いささかも見あたらない。

ポリネシア世界の夜明け

最後まで人間には処女地として残されていたポリネシアの海洋世界だが、ポリネシア人の祖先たちは、いつごろ、どこから来て、いかなる経路で拡がり、どのような植民戦略で島々を開拓していったのだろうか。

ポリネシアで人間が残したもっとも古い居住跡が見つかるのは、トンガやサモアなどの西ポリネシアである。西ポリネシアやフィジーでは、今から三〇〇〇年前あたりまでさかのぼる年代を示す考古遺跡が発見されることが珍しくない。おそらく、そのあたり一帯の島々に最初に人間が上陸したのは、おおよそ三三〇〇年ほど前のころではなかっただろうか。このことは、トンガやサモアの西ポリネシアがポリネシアの海洋世界に通じる玄関となり、ここからポリネシア人の祖先が各地の島々へ拡散していったことを物語っている。

実際に、ここから東方の東ポリネシアにかけて、さらには南方のイースター島やニュージ

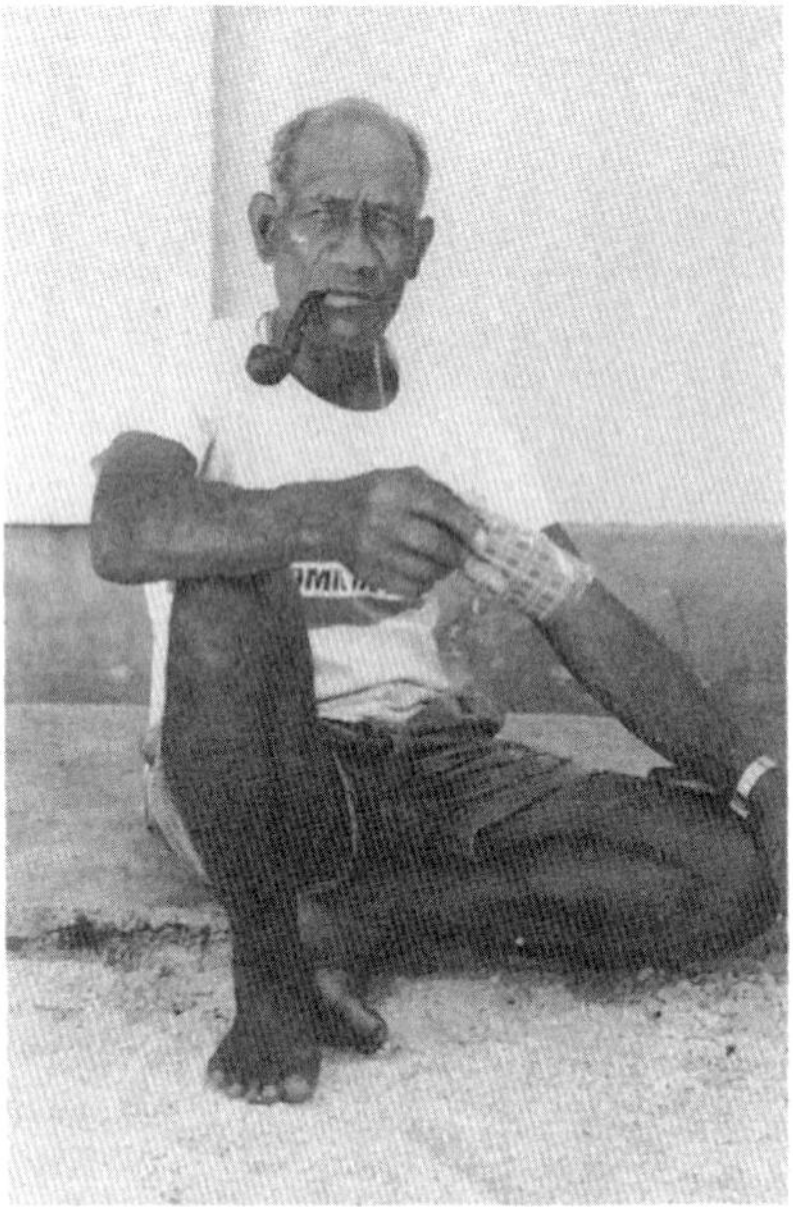

図7 「石器時代のバイキング」の末裔たち。ポリネシア人

ーランドの辺境ポリネシアにかけては、最初期の遺跡の年代はしだいに新しくなっていく。

ポリネシア世界に一番乗りした人びとは、じつのところ、ポリネシア人ではなかった。正確には、まだポリネシア人とよべる人たちではなかった。とくに文化的な面で、後の時代のポリネシア人とはだいぶ趣を異にするので、ポリネシア人とは区別するのである。その人びとが残した遺跡からラピタ土器とよばれる独特の装飾土器が出土することから、ラピタ人の仲間に加えられる。このラピタ人のグループこそ、やがてはポリネシア人に姿を変え、のちにポリネシアの三角圏の隅ずみに拡散していった人たちの母胎となったのである。しかし、まだ正真正銘、ポリネシア人とよべるような存在ではなかった。

あとのほうで詳しく説明するが、ラピタ人の文化は、後のポリネシア人のそれとはだいぶ様子を異にしていた。最大の相違点は、なんといっても土器文化の有無に関してである。ラピタ人は土器製作をしていたが、ポリネシア人となってからは失われた。不思議なことに、ポリネシア世界に進出した人たちははじめ土器文化をもっていたが、やがてそれを喪失したのである。またポリネシア人よりラピタ人のほうが、なんでも屋的な性格がはるかに強い生業活動を営んでいた。それにくわえて、融通無碍《ゆうずうむげ》に離散する臨海性の集落を構え、より広い地域に及ぶ交易ネットワークをもっていたようだ。

しかし身体形質については、あとで述べるように、ラピタ人と後の時代のポリネシア人とを区別するのは容易でない。ことに西ポリネシアやフィジーに進出したラピタ人は、すでにポリネシア人の表現型を十分に備えており、ポリネシア人とよぶに、いささかの躊躇もいらない身体特徴をしていたようだ。つまり文化的には「前ポリネシア人」とよぶべきラピタ人だが、身体形質のうえでは、ほとんどポリネシア人と変わらなかったのだ。

実際には、西ポリネシアやフィジーのラピタ遺跡で出土した古人骨の数は非常に少ない。これまでにこのあたりの遺跡で発掘されたラピタ人の骨は、合計しても、たかだか四人分ほどでしかない。しかも、いずれも遺存状態がすこぶる悪い。こうした貧弱な資料をもとに断定するのは勇気がいるが、少なくともトンガのトンガタプ島の遺跡で出土した成人男性の古人骨については、いくつかの点でポリネシア人独特の形質が認められ、ホートン（一九九一）が指摘するように、後の時代のポリネシア人とはっきり区別できるわけではない。

ラピタ人の時代および分布

このようにポリネシアの島嶼世界にはじめて足を踏み入れたのは、ラピタ人とよばれるグループであった。ラピタ人とは、ラピタ土器を標識とするラピタ文化を担った人びとのことであり、オセアニアの先史時代を語るには欠かせない民族である。そもそもは、ある特定のタイプの身体特徴を共有するグループを指して命名されたわけではない。

ラピタ人という先史民族がはじめて登場するのは、紀元前二千年紀の前半、少なくとも三六〇〇年ほど前のことであった。ニューギニアの北東に広がるビスマーク諸島の島々に、それこそ忽然《こつぜん》と現れた。たちまちのうちに東方に拡散して、海洋メラネシアや西ポリネシアにも分布するようになる。しかし紀元前千年紀の後半には、あたり一帯からラピタ土器が消えてしまい、ラピタ人の存在がつかめなくなるのである。

ラピタ人の分布は、これまでに見つかったラピタ遺跡の所在地点を結んでいくと、長い帯状の広がりを示す。その西端はニューギニアの北部の沿岸地帯までで、インドネシアの島嶼までは伸びない。そして東の端は、サモアやトンガの西ポリネシアである。その分布域は、ビスマーク、ソロモン、サンタクルーズ、バヌアツ、ニューカレドニアなどの諸島を数珠つなぎにして南東方面に伸び、さらにバヌアツから東方に派生して、フィジーや西ポリネシアの島々につづく。

こうしたラピタ人の分布で注目すべきは、ひとつには地理学の伝統的な区分であるメラネシアとポリネシアの領域を横断すること、もう一つは、かつてのサフル大陸に隣接した島々とその外側の海洋世界を隔てるリモート・オセアニア線、さらには大陸性の岩塊の終わりを告げる安山岩線を越境することである。

とくにリモート・オセアニア線をまたがることには重要な意味がある。ラピタ人が出現する以前にも、すでに更新世のころから、この線の西側にあるメラネシアの島々は、ニューギニア方面から島づたいに拡散した人びとの居住域となっていた。しかるに、この線の東側は、各島の間の距離が一挙に大きくなって隣の島が遠望できず、かなり熟練した航海術なしでは島から島へと移動することができないため、なお依然として、無人地域のまま残されていたのである。

だからラピタ人は、ポリネシアの島々だけでなく、この線の東側の海洋メラネシアも含めて、広くリモート・オセアニア世界に最初に進出した人びとであった。この意味で、世界で最古の航海民族としての栄誉をになうべきグループなのである。

世界最古の航海民族・ラピタ人

ラピタ人の身体特徴

ラピタ人の身体特徴は、どうだったのだろうか。先史時代の人びとの身体形質を明らかにするには、ともかく古人骨を調べるのがいちばんであるが、文字による記録とか壁画に残された人物描写を頼りにしたり、系譜上のつながりをもつ現代人グループから類推したりするのも一法である。もちろんラピタ人の場合は文字による記録や壁画の類はいっさい存在しないから、彼らの古人骨を直接調べるか、彼らの直接の子孫と考えられるポリネシア人から類推していく以外、彼らの素性を明らかにする術《すべ》はないわけである。

しかし残念なことに、その理由はよくわからないのだが、ラピタ人の埋葬遺跡が発見される例はきわめて珍しい。たまたま古人骨が見つかっても、その遺存状態は絶望的に悪い。これまでにラピタ遺跡から発掘された古人骨は、たかだか一〇体分あまりにすぎない。

もっとも大量にラピタ人骨が出土したのは、ニューギニアの東、ビスマーク諸島にあるワトム島のレバー・ラキバルという遺跡である。この遺跡で発掘されたのが、これまでに見つかったラピタ人骨の大半を占め、いわゆるワトム人骨資料である。

その人骨資料から明らかにされたラピタ人の身体特徴を要約してみよう。まず重要な点は、成人男子の平均身長が一七五チセン近くもあり、相当な高身長であること。大柄な体格で、頭蓋骨、なかでも下顎骨がとくに頑丈であること。しかし歯が全体的に小ぶりであること。四肢のプロポーションでは上肢と下肢がともに長めで、手や足が大きいこと。すこぶる健全な発育を享受していたようで、特記すべき成長遅滞痕（歯や長骨で認められる独得な形成不全）や、病痕とか骨折痕などが認められないことなどである。

さらに注釈を加えると、これらの身体特徴の多くは、いずれもポリネシア人の特徴と共通する。ワトム人骨を形態学的に研究した報告（ホートン、一九八九：片山、一九九一など）を総合すると、ビスマーク諸島で見つかったのに、そのあたりに現住する多くのグループよりは、東方のポリネシア人のほうによく似た身体形質を備えていたことは間違いない。このことは、ラピタ人の一部が変容してポリネシア人が生まれたのだと考える考古学の仮説を裏付ける重要な証拠といえる。

このようにラピタ人は、少なくともその一部は、後の時代のポリネシア人の系譜につながる。しかし彼らが、いったいどこからオセアニアに来たのか、あるいは、いったいどのようにして独特なラピタ文化を育むにいたったのか、などなど、多くの問題については多分に未解決のままである。

ラピタ民族の起源

ラピタ人の起源は、いったいどこに求めたらよいのだろうか。ただたんにラピタ土器という物質文化を共有することだけでしかラピタ人は定義できず、生物学的にはなんら実体のない雑多な人びとを総称しただけのグループであるという主張（たとえば、テレル、一九八六など）は、たしかに今もまだある。しかし大方の見方は、ラピタ人のことを、ある身体特徴を共有する一つの民族グループとみる方向に傾いてきた。そのほうが、古人骨から得られた知見と一致するといえよう。

ラピタ人の起源を問題とするとき、彼らのホームランド、つまり彼らの独特の体形や文化が育まれた場所と、彼らのルーツ、つまり彼らが出自した場所とは切り離して議論すべきだろう。またラピタ人そのものの起源とラピタ文化のそれとは、かならずしも一致しないという認識も重要である。彼らが出現したのは、つまるところ、ある人びとが南太平洋の島嶼《とうしょ》という環境条件に進出したときに生まれた一種の適応現象としてなのであって、けっして一定の文化や生活スタイルをもち特定の体形をした人びとが、どこからか大量に押し寄せて来たことによる民族移動の結果とみる必要はない。しかし外から、なんらかの人びとの流入があって、それが彼らの出現するにあたっての契機となったことはたしかだろう。

ラピタ人のホームランドについては、彼らの分布域の西端にあたるニューギニア北東のビスマーク諸島あたりにあったことは間違いなかろう。これまでに発掘調査されたラピタ遺跡の測定年代が、そのあたりでは相対的に古く、東に向かってしだいに新しくなる傾向を示すことから、この推論が成り立つ。ともかくラピタ人という先史民族が誕生したのはニューギニアのビスマーク諸島あたりであったろうという点では、おおかたの研究者の見方が一致する（たとえば、アーウィン、一九九二）。

そもそも、ラピタ人がどこに起源したのかという問題となると、話は別である。ある研究者たち（たとえば、グリーン、一九七九）は、ラピタ人が誕生したのはたしかにビスマーク諸島あたりであろうが、そもそもの起源は東南アジアの島嶼部あたりに求めるべきではないかと、アジア起源説を主張する。また別の研究者たち（たとえばベルウッド、一九八九）は、さらにその源流は台湾とか中国の南部あたりまでたどれるだろうと推論している。しかし、たとえばテレル（一九八六）のように、更新世のころからニューギニアの周辺にあるメラネシアの島々に先住したグループのなかから自生してきた民族であろうと考える人もなくはない。ともかくラピタ人の起源については、まだ関係研究者の間で大きく意見が分かれるところだ。

とくに考古遺跡で出土した文化遺物を比較することで、この問題を論議する考古学者の間では、はなはだしく意見が分かれる。ラピタ文化複合を構成する要素のすべてが外世界にルーツをたどれるわけではなく、東南アジアあたりから「流入した要素（Intrusion）」あり、ニューギニア東部の在来文化から「導入された要素（Integration）」あり、そしてラピタ文化の成立とともに「革新された新生要素（Innovation）」ありと、さまざまな文化要素が混在するラピタ文化の複雑な性格にも、その原因があろう。これらの要素のどれを重視するかによって、ラピタ文化のルーツをめぐる議論は微妙に違ってくるのである。

ラピタ人のルーツ

ラピタ文化を複合する個々の文化要素についてはともかく、ラピタ人とよばれる人びとの出自については、アジア起源説が有力である。

まずは比較言語学の知見による推論である。たとえばベルウッド（一九八九）などは、ラピタ人こそオセアニアに最初に進出したオーストロネシア語族の集団であり、オセアニアの海洋世界で優勢なオーストロネシア語族のオセアニア系諸語の祖形を最初にそこにもたらしたのだと考える。そして、そもそもは台湾あたりにオーストロネシア語族のもっとも古い祖語があり、それが南方に拡がってフィリピンあたりでオセアニア系とインドネシア系とに二分されたと考える仮説（ブラスト、一九八八）に依拠して、ラピタ人の究極のルーツが台湾、あるいは南中国にあったのだと考えている。

考古学の方面からも同様の見解が出されている。図8は、複雑に絡まりあうラピタ文化複合の各構成要素を、さきに述べた文化の流入（Intrusion）、導入（Integration）、革新（Innovation）という三つのカテゴリーに分け、それぞれの文化要素がラピタ文化のなかに組みこまれていった過程を模式的に示すことによって、ラピタ人が東アジアに起源したことを整合的に説明しようとするモデルである（スプリッグス、一九九六）。ラピタ文化に先行した文化が台湾のあたりからしだいに南進しながら、さまざまな文化要素を周囲から取りこみ、さらには新しい要素を革新しながら、ついにはラピタ文化複合を育み、それがニューギニア北東部の島々からリモート・オセアニアのほうに拡がっていった様子がうま

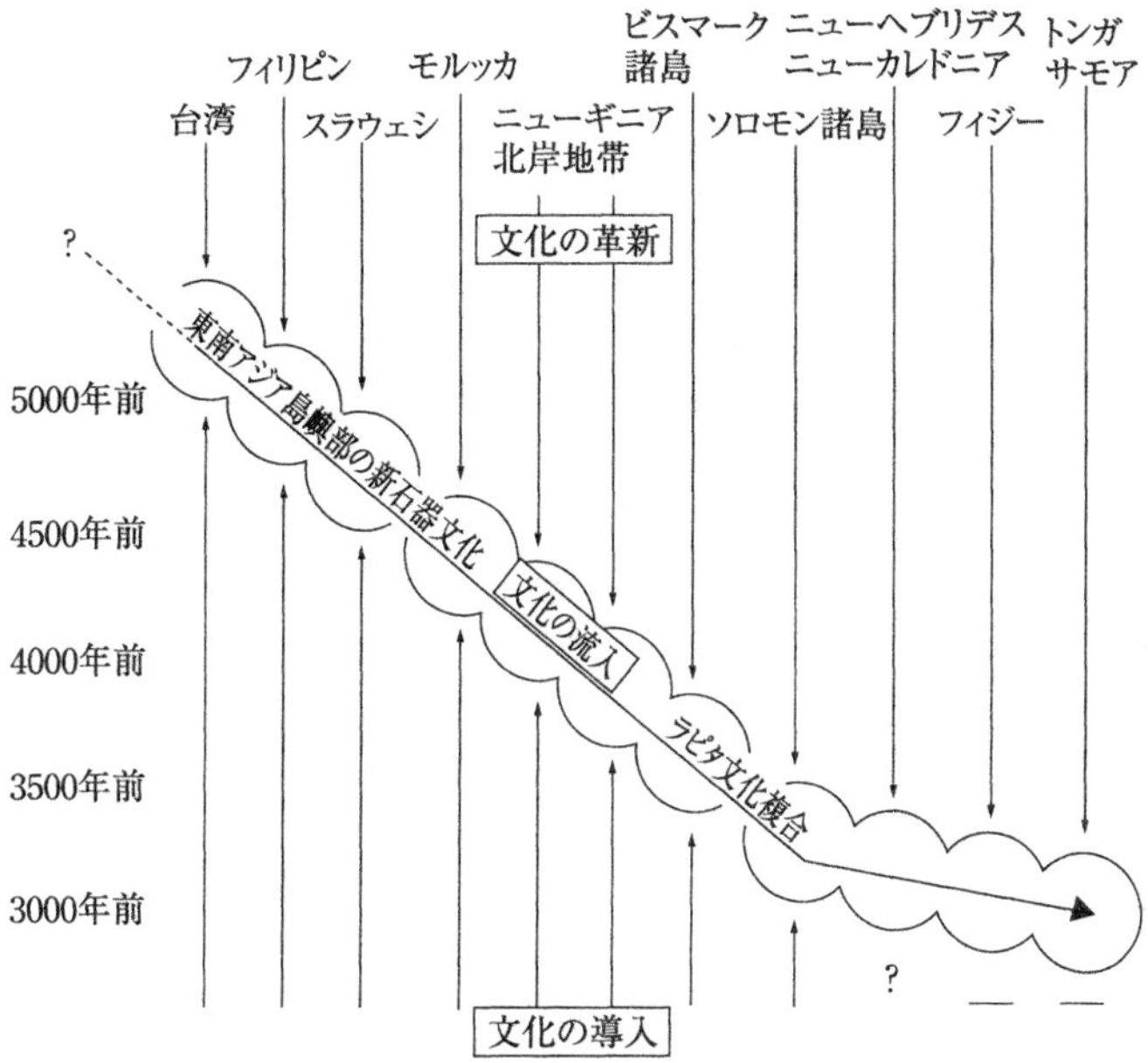

図8　ラピタ文化複合が誕生したようすを示すモデル
（スプリッグス、1996）

く説明されるモデルと言えよう。

人類学の観点からも、ラピタ人のアジア起源論に組みしないわけにいかない。たしかに、かつてのサフル大陸をなしたニューギニアの東部沿岸、さらにはそこに付かず離れず近接するビスマーク諸島で、更新世のころより先住した人びとから自生するように誕生したのだろうと考える仮説も魅惑的ではある。しかし、それでもって人類学に関係した多様なデータを最大公約的に説明することはできない。

たとえば、ミトコンドリアDNAの9塩基対《つい》欠損とよばれる特異な遺伝子である。この遺伝子は、東アジアの日本人や中国人から発見されたため「アジア人特有遺伝子」とよばれている。しかし同時に、ラピタ人がかつて分布した地域に現住する人びとや、ラピタ人の一部が変容したと考えられるポリネシア人では、さらに高頻度で見つかるのだ。こうした特徴的な分布は、ラピタ人の源流が東アジアのどこかにあったと想定すれば、なんなく説明できる。つまり、この遺伝子を今でも濃密にもつ台湾の先住民系の人びとの祖先あたりからラピタ人の祖先が受け継ぎ、彼らがオセアニアに南進する過程で、なんらかの理由で濃縮されたと考えれば、うまく説明できるのではなかろうか。

すでに述べたように、ラピタ人の身体特徴を直接に知る手がかりとなる彼ら自身の古人骨資料は、現在のところ、あまりに少ない。かつてラピタ人が分布した地域の西端と東端に近い、いくつかの場所から、わずかに出土例があるだけだ。しかしビスマーク諸島のワトム遺跡を除くと、ほかの遺跡はみな、わずか一人分程度の遺骨が、それ以上は悪くなりようがないほどの劣悪な状態で見つかっているだけなのである。したがってまだ、古人骨の研究からはラピタ人の系譜について云々《うんぬん》できる段階にはない。

これらラピタ人骨については、どの遺跡から出土したものもたがいによく似ており、後の時代のポリネシア人の骨とも強く類似することが指摘されている（ホートン、一九八九：片山、一九九一など）。このことからも、ラピタ人とポリネシア人の間に直接の系譜関係があり、彼らがポリネシア人の直接の祖先になったのではないか、という仮説はゆるぎないと考えてよい。

となれば、ポリネシア人の身体特徴を調べることによって、ラピタ人のそれを類推できることになる。もしもラピタ人が更新世以来ニア・オセアニアに先住してきたグループに起源したのであれば、当然、ラピタ人の末裔《まつえい》としてのポリネシア人は、現在のニューギニア高地人とか、さらにはオーストラリアの先住民系の人たちに相似してしかるべきである。しかし実際には、そのような類似関係はまったく見られない。それどころか、血液型の遺伝子などでみるかぎり、ポリネシア人はアジア人そのもので「南太平洋のアジア人」とよべるほどである（片山、一九九二）。フィジー人などでさえ、サフル大陸に先住したグループの末裔にあたる人びとよりもアジア人のほうによく似ている。ラピタ人がアジアに起源したことを物語るには十分すぎる証拠といえよう。

そのほかポリネシア人では、指紋や掌紋の特徴的なパターン、そして赤ん坊のお尻に現れる蒙古斑《もうこはん》（児斑《じはん》）なども、東アジアの人びとと変わらない出現頻度を示すことが知られている。さらに言えば、白血球型ともよばれる組織適合抗原（ＨＬＡ）のハプロタイプ（いくつかの遺伝子の組み合わせタイプ）の割合を調べる研究とか、ミトコンドリアＤＮＡの塩基配列の詳細な分析でも、ポリネシア人と台湾の先住民系のグループとの間で強い相似性が指摘されている。これらの事実も、ラピタ人の源流が東アジアのどこか、たとえば台湾あたりにあったことを示唆する。

さらに、きわめて状況的な証拠にすぎないが、わずかに残ったラピタ人の歯は、サフル大陸の先住系のグループよりも、どちらかといえばインドネシアあたりに住む集団のほうに類似する特徴をもつという指摘（カーチら、一九八九）もある。

このように人類学の方面では、ラピタ人が更新世以来ニア・オセアニアに先住してきたグループから派生してきたと考えるに足る証拠は少ない。むしろ彼らの源流が東アジアの周辺部、あえて挙げるならば、台湾とか、あるいは中国の南部沿岸部あたりにあったと考える仮説を支持する証拠のほうが圧倒的に多いのだ。

ラピタ人の変容

ことにフィジーや西ポリネシアに定着したラピタ人は、自らの身体特徴の面でも、そして文化や生活形態の面でも、さまざまに変容を遂げ大きく変化していった。とくに社会・文化・生活の側面では、めざましく変容していったようである。

もともとは大型の島嶼の周辺で、多少なりとも豊かな土壌や資源に恵まれた大陸性の環境条件に依存する生活を送っていたラピタ人だが、天然資源の乏しい海洋性の島々で、それまでに経験したこともないような新しい環境条件に曝《さら》されることになったため、それにうまく適応するように生活スタイルの変更を余儀なくされたのが、彼らが変容していったことの根本的な原因なのであろう。

それに加えて、さすがにラピタ人の類《たぐい》まれな遠洋航海能力をもってしても、フィジーとその西のバヌアツの間を隔てる約八〇〇キロ以上に及ぶ無島海域を自在に航海するのは容易でなかったろう。西方のラピタ人と地理的に隔離されてしまったことも、その地域のラピタ人が大きく変容していくことに弾みをつけたのは間違いあるまい。

フィジーよりもトンガやサモアの西ポリネシアのほうで、ラピタ人の変容は強く起こった。この違いは、ひとつには両者の間で島のサイズや地形条件の違うこと、それにともない天然の豊かさに格差があることも関係があろう。また、フィジーよりもトンガやサモアの島々のほうが、はるかに外界からの孤立性が強いことも大きな要因となった。実際、フィジーでは、その後も西のメラネシア方面から相当量の人びとの移住や文化の流入があったようだが、西ポリネシアでは、その影響はほとんど受けなかった。

またトンガやサモアなどのほうが海洋性の性格がはるかに強いことも重要な要因となったはずだ。とりわけサモアなどは、いわゆる安山岩線を越えたところに位置しており、もう正真正銘の絶海の孤島といえるようなところである。そのため、海洋性の生活環境に順応するよう、より大きな適応的な変化を余儀なくされたことは想像に難くない。

少しずつラピタ人の身体形質が変わり、その文化が激しく変容したのは、けっして外界から別の文化に触発されたためではない。あくまでも新たなる生活環境に対する適応的な変化として自立的に生じたわけだ。そして外界からの孤立性が強まることによって、そうした変化が、いっそう促進されていったのだ。

図9　クック諸島のラロトンガ島

ポリネシアの三角圏にある「高い島」のひとつ。

ポリネシア文化の成立

ラピタ人が変貌していくさまは、とりわけ彼らの生活・文化・社会の側面でめざましかった。具体的に述べると、まず漁撈技術があげられる。おびただしいほど多様で、こりすぎとも思えるほど精巧な貝製の釣り針などを作る工夫が一挙に始まった。おそらく、リーフ（裾礁《きょしょう》）の外に出て大型魚をとる必要性が格段に増し、網漁主体の漁法が一変したことだろう。また石器類も変わり、アッズ（石手斧）とよばれる道具などがしだいに定型化して、ポリネシア式アッズとよばれるものの原型のようなものが生まれてきた。それ以外の石器では多様性がいっそう顕著となった。おそらく石材の種類が制約されるようになったため、加工できる石材なら、なんでも構わず石器作りに利用せざるをえなくなったのかもしれない。

航海手段や航海術も革新を促されたであろう。しだいに交易活動に適した小型の機動性のあるカヌーが改良されて、遠隔島の植民活動に必要な大型のダブルカヌーが発明されたようだ。同時に、長時間にわたり本格的な逆風航海を可能にする航海術も、しだいに熟成されていったことだろう（アンダーソン、一九九六）。

土器製作の文化が徐々に廃れていったことは、とりわけ大きな変化であり、ラピタ人の物質文化の変貌ぶりを象徴するようである。まず島ごとに土器のスタイルの違いが大きく

図 10　つい最近まで使われていた石器類
まさに先史ポリネシア人は石器時代の遠洋航海者であった。

なった。しだいに表面の紋様がシンプルとなり、やがては無紋のものばかりとなり、粗雑な造りのものが多くなっていった。そしてポリネシアでは、フツナなどの一部の島を除いて、紀元前後のころから、しだいに土器文化そのものは消滅する方向に向かっていった。

なぜ土器がポリネシアで作られなくなったのか。適当な粘土が不足するようになったからだ、という単純な理由は実状にそぐわない。安山岩線を越えたポリネシアの島々でも、探そうと思えば、良質な粘土を探すのは可能である。食物の調理法が変化して、すべての食事をウム料理（石蒸し焼き料理）で賄《まかな》うようになったからだ、という通説もあるが、どうも納得しにくい。ウム料理は、すでにラピタ人のころから流行していたはずだから、なぜポリネシアに拡散した後に土器作りの習慣が消えていったのかを説明するには説得力を欠く。交易活動が衰えて土器の交易品としての価値が薄れたためだとか、社会組織の変化にともなって土器を用いる儀礼が廃れたためだとか、さまざまな理由が考えられているが、いずれも決め手に欠けよう。

そもそも土器は、ラピタ人が南海の秘薬などとよばれるカバ（コショウ科の根をすりつぶして抽出する南太平洋独得の嗜好飲料）を飲用する儀式などのさいに使っていたもので、その代替になる木製の容器が発明されたりしたなどの理由で用済みになったのだろう、という推論もある（グリーン、一九七九）。こうした議論も、まだラピタ土器の用途がよくわかっていない現状だから、なにか空ぞらしく聞こえる。

いずれにしても、ポリネシアで土器文化が消滅したのは、文化の退行を意味するようなネガティブな現象などではなかっただろう。むしろ、新しい生活条件に積極的に適応する過程で生じたさまざまな変化のなかの一つにすぎなかったのではなかろうか。ともかくポリネシアで土器文化が消滅したのは、大きな謎であることに違いはない。

そうした物質文化の変容と並行して、おそらく言語の面でも、少しずつ変化が生じたことであろう。方言レベルで放散する前のポリネシア語の祖語が生まれたのも、ラピタ人がポリネシア人に変貌した西ポリネシアであろう。

ポリネシアの島々で特徴的な首長制社会の原型ができたのも、このころであろう。長子相続の理念とか、アリキ（Ariki 首長）、タブー（Tapu 禁忌）、マナ（Mana 超自然的力）などの概念が発明されて、ポリネシア社会の基本的な骨組みが整えられ、やがてはポリネシア三角圏の隅ずみに伝えられていったのであろう。

ポリネシア人への道

ラピタ人からポリネシア人へ

これまでラピタ人の文化やその起源、そしてポリネシア文化の成立についてみてきたが、いずれにせよ、新しく生まれたポリネシア人の文化はラピタ人のそれとは、かなり性格を異にする。トータルにみても個々の文化要素についても、大きな違いが生まれたわけだ。

なによりも土器文化が消滅したこと、より集約性の強い園芸農耕がさかんになったこと、いくぶんか社会構造が複雑になってきたことなどが挙げられようが、それは、しだいに人口が増加することによって社会基盤が着実に整ってきたことが大いに関係しているのかもしれない。

トンガやサモアの島々こそ、ポリネシア人に独特な社会と文化が生まれた場所である。それらの島々に住み着いたラピタ人が徐々に変容し、おそらく一〇〇〇年あまりの時間が経過するなかで、いわゆるポリネシア人らしさが育まれていったのであろう。今から二〇〇〇年近く前、そこからタヒチやマーケサス諸島などの東ポリネシアの島々にポリネシア人が拡散したころには、彼らの文化は、かつてのラピタ人のそれとは相当に違っていた。

このようにポリネシア人は、いっそう海洋性の生活環境に適した民族となり、それにかなった生活や文化を工夫改良することによって、ポリネシア世界に散らばる小さな島々を開拓するに十分な適応戦略を獲得したのであろう。それでは身体形質の面で、どのようにトンガやサモアのラピタ人はポリネシア人に移行していったのであろうか。

図11　先史ポリネシア人

ヨーロッパ人の画家が18世紀に描いた彼らの素顔。

ほとんど着のみ着のままで新石器時代の生活を送っていたラピタ人やポリネシア人にとって、ポリネシアの海洋性の島々を発見し、そこに植民し定着を果たすには、大陸世界では考えられないほどの過酷な気候条件を乗りこえねばならなかった。海洋性の島嶼《とうしょ》にアクセスするには、長期間、吹きさらしのカヌーの上での生活を余儀なくされた。それらの島で一定程度の人口を確保するまでは、珊瑚礁《さんごしょう》に波風が砕ける海で厳しい漁撈活動にあくせくしなければならなかった。

古代のカヌーで海洋上にいるとき、昼間で太陽があれば、むしろ暑すぎる場所であろう。しかし太陽がなければ、とくに雨が打ちつけ風や波が洗うとき、さらに夜間ともなると、無防備な人間には寒すぎる場所である。それが大海洋に潜在する特殊な環境条件なのである。つまり風と波、そして天候条件の変化によって、ときに極寒の場と化す。容易に死を招くほどの寒さと隣りあわせなのだ。南太平洋の海洋の島々に乗り出した人びとは自らの身体構造を改造することによって、そうした酷寒の気象条件に曝《さら》されることに対処した。

身体の構造と熱代謝の観点からいえば、大柄で筋肉質、相対的に四肢などが短い体形をして、ある程度の皮下脂肪を蓄え、皮膚があまり黒くないほうが、南太平洋の特殊な環境には適応的である（ホートン、二〇〇〇）。実際に、広く南太平洋を見渡せば、ニューギニ

図 12　現代のポリネシア人

心身共に海洋島嶼世界に適応したポリネシア人は「海のモンゴロイド」の申し子のようである。

アから東ポリネシアにかけて、つまり海洋性の生活条件がより強くなるにつれて、そうした身体特徴が先住民の間で顕著となる。その権化《ごんげ》とよべそうなのが、ポリネシア人に独特な身体形、つまり肉眼観察できる表現型である。

ポリネシア人の身体でみられる独特な表現型は、一方で「寒冷適応型」と形容できるような面を備え（ホートン、一九九一）、また見方をかえると「過成長タイプ」とよべるような側面がある（片山、一九九六）。いずれの形容が適当か判断は難しいが、いずれにしてもポリネシア文化の成立に先だち形成されていた可能性が高い。

残念ながら、古人骨がほとんど発掘されていないので、ラピタ人がポリネシア人に変容する時代のトンガやサモアで、つまり紀元前千年紀のころのラピタ人、あるいは初期のポリネシア人の身体特徴がどうであったか、それは想像をたくましくするほかない。しかし先に記したように、トンガで発見されたラピタ人の骨では、すでにポリネシア人の特徴が十分に認められる。また、ニューギニアのほうで出土したラピタ人骨ですら、四肢のプロポーションなどを別にすると、後のポリネシア人の骨によく似ている。したがって、ポリネシア人に独特な表現型が、すでにラピタ人のころに芽ばえていた可能性が高い。

しかし、ポリネシア人に特徴的な体形が最終的に完成されるのは、彼らが東ポリネシアに拡散したあとであろう。なぜなら「ポリネシア人表現型」とよばれる彼ら独特の身体形質が、西ポリネシアの人びとよりも東ポリネシアの人びと、さらにはニュージーランド・マオリなど「さらに東」のポリネシア人で、より顕著に認められるからである。

この項を要約してみよう。すでにラピタ人は身体特徴のうえでは「先ポリネシア人」とでもよべるような存在となっていた。彼らの一部はフィジーやポリネシアに進出して、そこに定着してから、より海洋島嶼型の性格が強い生活条件に適応するようになり、ポリネシア人に変容していった。そして東ポリネシアの島々に拡散する過程で、現在のポリネシア人の身体で見られるような独特な表現型を完成させたのだろう。

しかるにラピタ文化がポリネシア文化に脱皮して、ポリネシア人と呼ぶにふさわしい新しい民族が誕生するのは、まさに紀元前千年紀の期間、そして西ポリネシアの島々が舞台となった。そこで、ポリネシア人の民族史を大胆に区分するなら、まずポリネシア人の身体特徴が萌芽するラピタ人のころの「先ポリネシア人」時代、ポリネシア文化が成立するころの西ポリネシアでの揺籃時代、あるいは「移行期ポリネシア人」時代、ポリネシア人の特異性が心身ともに完成した東ポリネシアに拡散するころの「完成期ポリネシア人」の時代ということになろう。

かくて西ポリネシアの島々でポリネシア人に変貌したラピタ人の末裔《まつえい》たちは、紀元前千年紀の終わりごろになると、さらに南太平洋を東のほうに拡散しはじめる。そして今から二〇〇〇年近く前のころには、マーケサス諸島やソサエティ諸島などの東ポリネシアの島々にポリネシア人が植民し定着を果たすことになる。

東ポリネシアへ

なぜ、彼らは突然、さらに東方へ向けて移住のための航海を開始したのだろうか。このような問題は永久に推論に頼るほかないが、いくつかの理由が考えられよう。人口が増えすぎて社会的な緊張が高まったからだろうと考える人もいる。あるいは、それにくわえて気候条件の悪化などがともなったからだろうとも考えられる。また、フィジー方面から新たなる移住者たちの波が押し寄せて、それによって圧迫された結果なのだろうか。それとも、そうした外的条件が遠心力として働いて押し出されるようにしてではなく、類《たぐい》まれなる海洋民族として育ったポリネシア人たちが自らの内なる衝動のようなものに促されて「陽の出の方向にカヌーの帆を上げた」（バック、一九三八）結果なのだろうか。

いずれにしても、東ポリネシアのほうに向けて新たなる植民活動が開始された。おそらくは、ポリネシア人が海洋生活にすぐれて適応するようになって、遠洋航海民族としての性格が十全に成熟したため、一定の限界を突破するような現象が生じたためではなかろうか。ともかく、ポリネシア人たちは空前の大航海時代をむかえた。

東ポリネシアへ移住航海が開始される時期については異論もある。実際には、東ポリネシアの島々への開拓が始まるのはもっと早かったのではなかろうか、と考えるのである。もし東ポリネシアへの拡散が二〇〇〇年前ごろに始まったのであれば、西ポリネシアの島々にラピタ人が入植したのが三〇〇〇年あまりも前のことだから、ラピタ人（あるいはポリネシア人）は一〇〇〇年以上もの長きにわたってそこに留まっていたことになり、彼らの航海能力をもってすれば、それはいかにも不自然ではないかというわけである（アーウィン、一九九二）。東ポリネシアで古い年代の遺跡が見つからないのがネックなのだが、まだそれが発見できないだけではないか、とみる。また、発見航海と植民航海とは別物と考えるべきで、考古学の研究では調べようがないのだが、もっと以前から東ポリネシアへの発見航海が実際には始まっていたのではないか、という推測もある。

東ポリネシアの諸島では、どこが最初に開拓されたのか、ソサエティ諸島なのか、マーケサス諸島なのか、それともまったく別の諸島なのか。それについても研究者の意見は分かれる。

東ポリネシアの方々の島に残るハワイキ伝説（ハワイキあるいはハワイイ、つまり原郷についての言い伝え）の内容を額面どおりに読みとって、ソサエティ諸島が最初であると主張するのがバック（一九六六）である。自らの精力的な発掘活動の成果をふまえてマーケサス諸島こそが東ポリネシアや辺境ポリネシアへの拡散のセンターになったのではないか、と主張するのが篠遠喜彦（一九七〇）である。また、トンガやサモアに近いクック諸島からオーストラル諸島、ソサエティ諸島、マーケサス諸島へと順次、飛び石づたいに植民していったのではないか、と考えるのがカーチ（一九八六）らである。

私自身はカーチらの仮説にくみするが、もちろん確信があるわけではない。ポリネシア人がラピタ人の植民戦略、つまり東へ東へと植民していくことを踏襲したとすれば、東ポリネシアの諸島への拡散が点と点をつなぐように達成されたとは思えない。サモアからかトンガからかは確かめようがないが、それら東ポリネシアの島々への移住は一挙に、ほとんど同じ時期に行われたのではあるまいか。トンガやサモアにもっとも近いソサエティ諸島やクック諸島などでも、マーケサス諸島と同様、二〇〇〇年近くまでさかのぼる最初期の居住遺跡が発見されてもおかしくないだろう、と思うのだ。

ここでは、マーケサス諸島やソサエティ諸島が植民された時期について、いわゆる「オーソドクス・シナリオ」（たとえば、篠遠、一九七〇）にしたがって、今から二〇〇〇年前のころではなかったか、という仮説をもとに紹介した。しかし、まだ定説とはなっていない。

そして辺境ポリネシアへ

それに対する反論のひとつに、じつはもっと古くて、およそ三〇〇〇年近く前、つまりトンガやサモアが植民されたころにまでさかのぼるのではないかと考える早期移住説（アーウィン、一九九二）がある。つまりラピタ人が西ポリネシアの植民に引きつづいて東ポリネシアへも一挙に移住したのではないかと考える連続移住説なのである。また逆に、せいぜいのところ一五〇〇年前程度の出来事でしかなく、ポリネシア文化が西ポリネシアで十分に熟成したのちになって、やっと東ポリネシアに移住が起こったのだろうと考える断続移住説（あるいは、後期移住説、アンダーソン、一九九六）もあることを付記しておきたい。

ソサエティ諸島やマーケサス諸島などに定着したポリネシア人は、それら東ポリネシアの島々からハワイイ諸島などの北の方面に、さらにイースター島やニュージーランドなどの辺境ポリネシアへと拡散をつづけていった。これらの島々へ向かう航海は、はたして積極的な植民航海だったのか、真珠貝や鳥の羽毛などの珍品をめざしての冒険航海だったのか。いったい何が動機となったのかについては、もちろん定かでない。いずれにしても計画性の強い航海活動による結果であったことは間違いなかろう。ちょっと漂流して、偶然に流れ着くような距離ではないからだ。

ハワイ方面にはソサエティ諸島などが植民されてほどなく、そしてイースター島やニュージーランドには紀元千年紀の後半から二千年紀の初めころになって、はじめてポリネシア人が定着したようである。これらポリネシアの極地の島々や、ミステリー・アイランドとよばれる多くの島々への植民については、あとの章で詳述する。

ポリネシアの海洋世界で人間の植民航海活動が活発だった時期として、おおよそのところ三つの段階が区別できよう。まず、まだラピタ人であった先ポリネシア人の時代にトンガやサモアなど西ポリネシアの島々に拡散した段階、つぎに完成期ポリネシア人の時代に入って、ソサエティ諸島やマーケサス諸島など東ポリネシアの中枢部の島々へ拡散した段階、そして最後が、イースター島やニュージーランドなどの辺境ポリネシアへと拡散した段階である。

これらの拡散現象は、いずれも短い期間に、いっきに起こったと考えられる。そして、それぞれの拡散段階の間には一定期間の停滞期があったようだ。つまりポリネシア人によるポリネシアの三角圏の征服は、つぎつぎに連続して行われたのではなく、断続的なプロセスとして達成されたのであろう。しばらく停滞している間に、さまざまな生活技術とか航海術などの植民戦略を革新して、ふたたび新たなる植民航海、それまでより大きなスケールの距離を航海する未知への航海に出発したのではなかろうか。

海のモンゴロイドの最前線2　太平洋横断

先史ポリネシア人の大航海時代

辺境ポリネシアの植民

海のモンゴロイドのオセアニア開拓史、その圧巻は、なんといっても、その最終場面にあるだろう。もちろん主人公は、先史ポリネシア人である。

南太平洋の心臓部、安山岩線のはるか東側に広がるソサエティ諸島やマーケサス諸島などの東ポリネシアの島々へ拡散した先史ポリネシア人だが、さらにポリネシアの極地ともいえるハワイイやイースター島（ラパヌイ）やニュージーランドの方面めざして、いよいよ最後の植民航海に乗り出していった。さらにはポリネシアの範囲にとどまらず、さらに東へとアメリカ大陸に向けて船出した連中もいたようだし、オーストラリア大陸にたどり着いた者もいた可能性が非常に高い。

すでに紀元千年紀から二千年紀の初頭にかけて、アジアやヨーロッパの大陸世界は、いくつかの大帝国が興亡し、そろそろ中世の淀みに向かおうとするころであった。ポリネシア人の最後の植民活動は、そんなころにくり広げられたのである。もちろん、アジアの大陸方面から南北のアメリカ大陸へ、そしてオセアニア地方へと向かった先史モンゴロイドの拡散現象を締めくくる最終局面となった。

これをもって、北回りと南回りの両方向から進んだモンゴロイドの環太平洋全域への植民、つまりアウト・オブ・アジアの現象は完結した。地球全表面積の三分の二をも占める広大な地域に先史モンゴロイドが専住するテリトリーが完成することとなった。

ここでは、「陽の出のバイキング」あるいは「石器時代のバイキング」たちによる疾風怒濤の時代、つまりポリネシアの海洋世界でくり広げられた植民活動の最終場面に焦点を合わせてみよう。海のモンゴロイドのなかでももっとも遠くまで行ってしまったグループは、大陸世界の対極にある世界史の裏側で、なにをなし遂げたのか。いったい、いつごろ、どのようにして、どこまで行ってしまったのか。そして、そこで見つけたのは何だったのか。

人間の歴史では類《たぐい》まれな航海活動のパイオニアたちの存在に焦点を合わせて、彼らがなし遂げたこと、彼らさえなしえなかったことなどの詳細を明らかにしてみたい。

星と風と渡り鳥と――ポリネシアの遠洋航海

少しだけ、かつての先史ポリネシア人たちが自家薬籠《じかやくろう》中の物としていた航海術のことを説明しておこう。ラピタ人がフィジーや西ポリネシアの島々に住み着いたころはともかく、ポリネシア人の遠洋航海者たちがソサエティ諸島やマーケサス諸島など東ポリネシアの中枢部にある島々、さらにはイースター島やニュージーランドの辺境ポリネシアの島々を開拓していったころには、東寄りの風が卓越する赤道周辺の貿易風帯こそが、彼らの航海活動の中心舞台だったようだ。だから先史ポリネシア人の航海者たちは、西から東に、あるいは南北の方向にカヌーで遠征するさい、逆風航海できるような航行術を自由自在に駆使していたことは疑いようもない。彼らの航海戦略の基本は、むしろ逆風航海にあった、と考える研究者のほうが多い（たとえば、アーウィン、一九九二）。

しかし、古代ポリネシアのダブルカヌー（カタマラン型カヌー）を復原したハワイイのホクレア号で数多くの実験航海に参加したフィニーの推論はいささか異なる（フィニー、一九八五）。先史ポリネシア人が常識はずれの大がかりな遠洋航海に成功した秘密は、彼らがスーパーマン風の勇猛さを発揮したとか、とくにすぐれた航海手段を発明したとか、ということにはない。むしろソフトウェアーの面での問題なのであって、彼ら独特の知識体系を総動員して、ユニークな航海戦略の極意を編みだしたことにあるのだろうと説く。

もちろん彼も、先史ポリネシア人が自在に逆風航海する能力を身につけた腕達者な遠洋航海民であったことは、いささかも疑わない。だからこそ、何千海里も距離を隔てた辺境ポリネシアの島々へ植民航海することができたのだと考える。しかし、いくら疲れ知らずの彼らでも、ポリネシア型ダブルカヌーの低い吹きさらしのデッキで長期間の逆風航海を強いられるのは苦しいはずで、むしろ基本は、四季折々の気候変化や各種の気象条件にともなった風向や海流とか、渡り鳥とかの独特な動きなどを熟知しつくして、それらを巧みに利用して順風航海することだっただろうと推測する。気候や天候に合わせて順風航行する周到な航海戦略、星座などを目安に正確に方位できる「頭の中の地図」、さらには渡り鳥の通路なども利用した先史ポリネシア人の遠洋航海のノウハウは、どんな方向のどんな島にでも計画的に航海することを可能にしただろうし、けっして帆船時代のヨーロッパ人航海者のそれに劣らないものだったと想像する。

ホクレア号での体験談をまじえたフィニーの言葉に、もう少し耳を傾けよう（フィニー、一九八五）。「古代ポリネシアのカヌーは素晴らしい航海手段であるが、その構造は、そもそもは温暖な海域を航行するのに適したもので、さまざまな潜在的な寒冷条件に満ちた大洋を航海するには、ときに致命的となるような構造もある。舷が低くて空けっぴろげのデッキでは、乗船者は四六時中、強い風と波に曝される。だからこそ太陽がのぞかず、時折はげしい風雨に見舞われる海域を長時間にわたって航海するような場合には、ときに死活問題さえ生じてこよう」。「もちろん風向きに立つ逆風航海は可能だが、風上から七五度以内の方向に直接に進むことはできない。風に向かって進路をとるときは、小刻みなタッキング操航を繰り返すのだが、風上に一海里走航するのに、タッキングによって四海里ほどの前進と後進を余儀なくされる。海流にも逆らって航行するわけだから、さらに効率は悪くなる。したがって赤道近くの貿易風帯を逆風方向にカヌーを帆走させるには、とんでもない距離を航海することになるのだ」。「貿易風帯といえども、実際には、間断なく東風が吹き荒れているわけではない。エルニーニョ現象などの折には、西風の勢いが増して、はるか南アメリカの沿岸近くまで、長期間にわたって西風が吹きつづけるようなこともある。もちろん冬場になると、偏西風帯が北方に拡がり、ときには赤道近くまで西風でおおわれる。低気圧のときは低緯度地帯でも西風が吹き、高気圧では偏西風ゾーンでも東風が吹く。結局のところ、こうした気象変化に関連した風の動きなどを巧みに利用して、かつてのポリネシア人が航海活動に励んでいたのは想像に難くない」。

図13　復元された古代ポリネシアのカヌー

こんなカタマラン型カヌーで島々を植民していったのだ。船の長さが20〜30mある双胴船である。

要するに、先史ポリネシア人の航海術は何の変哲もない。けっして神がかりな力の助けがあって航海を進めたわけでもなかった。大型ではあるが、ただ普通のダブルカヌーを操って、太平洋を縦横無尽に行き来しただけのことである。彼らの奥義は、海洋世界を知りつくし、そこに完璧に適応した生活を営むことから生まれたのである。

イースター島への道

イースター島はポリネシアの東端、ポリネシア三角圏の東の頂点にあたる。完璧なまでの孤島で、いちばん近い島でも一〇〇〇キロ以上も離れており、東はチリの海岸まで四〇〇〇キロあまり海ばかりで島影らしいものはない。石だらけの不毛な島で、いくつかある小さな火山の火口が彩りをそえるが、まるで火星の表面のごとき趣でもある。南緯二七度の緯度で想像する以上に寒々とした気候で、いつも偏西風が吹き荒れているような島である。

イースター島という名前は、オランダ人のロッフェヘーンが一七二二年の復活祭《イースター》の折に、この島を訪れたことから名づけられた。そもそものポリネシア語の名前はラパヌイ（大きな斧の島）である。あるいは、「テピト オ テヘヌア」（世界のヘソ）である。

今は観光客であふれ、住民もヨーロッパ系とポリネシア系がまじるが、ラパヌイ島の本来の先住民はポリネシア人である。この島を発見して植民したのも、彼らの祖先であることは間違いない。先史遺跡に残された石器類などの生活遺物はみな、ポリネシア文化を特徴づける形式のものか、その変形の類である。もちろん、モアイの石像が転ぶアフという石壇のなかで見つかる古人骨も、まぎれもなくポリネシア人のものである。

十分な民族誌が残される前に伝統的な社会が崩壊させられてしまったため、ヨーロッパ人と接触する以前の人びとの様子を知ることは難しいが、断片的な記録を接ぎあわせるかぎりでは、たしかにポリネシア人に特有な社会が存在していた。それにラパヌイ語は、まぎれもなくポリネシア語の一方言である。つまりラパヌイに先住した人びとも、彼らの社会と文化も、なにからなにまでポリネシア風なのである。

ポリネシアのどの島よりも謎めいている。どの島よりも不毛で寒々としており、豊かさのようなものがまるでないのに、巨石造りの廃墟とか捨てられた石器類など、昔の人びとの匂《にお》いが残る物がやたらと多いせいかもしれない。

とりわけ謎めいているのが、このラパヌイの先住民のことであり、彼らが育んできた文化の由来である。いったいいつごろ、このラパヌイの島に人間が住み着き、彼らはポリネシアのどの島から、どういう経路をたどって、どうやって来たのか。今でもよくわからないばかりか、これから先も明確な解答を得るのは難しいのではないか、と予感する。

オーソドック・シナリオでは、今から一五〇〇年前のころ、北西に三〇〇〇キロばかり離れたマーケサス諸島から植民されたのだろうと推論されている。しかし、それも確固たる証拠があってのことではない。それが拠りどころとするのは不明瞭な口碑《こうひ》伝承であり、実際には言語学や考古学の方面でも、たいした証拠があるわけではない（ベルウッド、一九八九）。ラパヌイ文化の特徴は、なによりもそのユニークさにあり、物質文化の面でも、言語の面でも、ラパヌイに相対的に近いポリネシアの島々のなかにも特別な類縁関係を推し量ることは難しい。

おそらくラパヌイ語が異色なのは、非常に古いころに東ポリネシアの島々の言葉から分岐したからというわけではなく、人間が住み着くには極限に近い生活条件のなか、周りの島々から完全に隔離されてきたため（ビッグス、一九七二）なのであろう。同様なことが物質文化についてもいえよう。ともかくモアイの石像などをはじめとして、ラパヌイの風変りな文化のなかには「文化の暴走」とでも説明するしか、簡単には理由を求めにくいような現象が少なくない（片山、一九九七）。モアイ像にしても、その昔、ラピタ人やポリネシア人が南太平洋の島々に伝えた巨石文化が派手になりすぎただけのことかもしれない。

最初にラパヌイが植民されたのは、「冬場やエルニーニョ現象のときなどに北上する偏西風に乗ってオーストラル諸島や南部クック諸島あたりから」（アーウィン、一九九二）かもしれない。ラパヌイ島で発見される古人骨に東ポリネシア人で典型的な身体特徴はあまり目だたず、どちらかといえば、クック諸島など西ポリネシアに近い島々から出た古人骨に相似するという指摘（たとえば、ワーグナー、一九三八）は、この点で傾聴に値する。ラパヌイと同じ語源のラパとかラパイチ（小さいラパ）という名前の島々が、オーストラル諸島に存在することも、ひとつの状況証拠となろう。

図14　イースター島のモアイ像

先史ポリネシア人が拡散した道は、同時に巨石文化の拡散の道でもある。

ポリネシア人によってラパヌイが最初に植民された年代が、オーソドック・シナリオなどで信じられているより新しく、一〇〇〇年を少しだけ越えるほどしかさかのぼらない（アンダーソン、一九九六）らしいことも、オーストラル諸島や南部クック諸島の方面から植民されたとする仮説には援護となるかもしれない。これらの諸島では最初期の植民が紀元千年紀の後半であったらしいことが、最近になってわかってきたからである。同時に、「先史時代のポリネシア人が偏西風に乗って長距離を航海できたとは思えぬ」という指摘(ホートン、二〇〇〇)もある。私自身も貧しい経験で、それに同意する。

ともかく、イースター島へポリネシア人が最初に植民したのは、紀元千年紀の後半あたりだったろう。ポリネシアのどの島からやって来たのかは定かでない。マーケサス諸島などの東ポリネシアからだったかもわからないが、諸般の証拠を拾い集めれば、イースター島へいたる道が、クック諸島やオーストラル諸島などを経由する「ポリネシアの南廻りの道」であった可能性も捨てきれない。

ニュージーランドの発見と植民

かつては口碑伝承を拠りどころにして、ニュージーランド(ポリネシア語名はアオテアロア)に最初に住み着いたのはメラネシアなどから来た肌の色が黒い人びとだった、という通説があった。しかし今は、考古学や言語学や人類学の研究が進み、最初のニュージーランド人もまたポリネシア人であり、現在のニュージーランド・マオリの直系の祖先にあたる人びとであることに異論を唱える者はいない。

まぎれもなくニュージーランドは、昔からポリネシア人のテリトリーの一部なのである。そしてニュージーランド東方の海上に浮かぶチャタム諸島こそが、ポリネシア世界の最果ての島なのだ。

このチャタム諸島とニュージーランドこそ、南太平洋の果てしなき大海原に散らばる島々に拡散した先史ポリネシア人の最前線、あるいは終着点となったのである。もう先には南極しかなく、人間が住み着く場所はなかったのだ。したがってニュージーランドとチャタム諸島の植民でもって、先史ポリネシア人の南太平洋の征服は完了した。同時に人間の地球征服史に関するドラマは幕を下ろすことになった。

ニュージーランドに最初にやって来たポリネシア人が、いつごろ、どこから、どのようにして、この最後に残された巨島にやって来たのか。この問いには、まだ十分には答えられない。さらにその後に別の新たなグループがやって来たのか否か、についても、今なお意見が分かれるところである。

最初の植民が達成された年代については、多くの成書は紀元千年紀の終わりごろだっただろう（アーウィン、一九九二など）と推測する。先史遺跡から出た炭化物で調べた放射性炭素年代のうち、もっとも古いものが今から八〇〇年程度前の値を示すことから、それよりは少しばかり古いだろうというわけである。しかし炭素14年代測定に忠実に従えば、ニュージーランド本島が植民されたのは、すでに紀元二千年紀に入った紀元一一〇〇年ごろとなる（アンダーソン、一九九六）。そのころは地球科学の方面で想定される小温暖期（LCO）の時代（紀元七五〇〜一二五〇年）に当るわけで、LCOのときは海洋の気象条件が安定するため、南太平洋の遠洋航海がより容易となり、だからこそニュージーランドのように高緯度にある遠隔の島々に植民することが可能となったのだろうと推測する。一方で花粉分析などの結果にもとづいて、もっと早い今から一五〇〇年以上も前のころに人為的な植生変化があったことを仮定する早期植民説があるにはあるが、これよりは理にかなっていよう。チャタム諸島の入植は、ニュージーランド本島の植民よりも遅れて紀元一四〇〇年ごろであったらしい。

最初のニュージランド人がポリネシアのどの島から来たのか。これについてもたしかなことは言えない。口碑伝承を解釈した通説では、ニュージーランド・マオリのハワイキ（原郷）として東ポリネシアのソサエティ諸島にあるライアテア島を想定する。ニュージーランドの初期遺跡から出土した石器類や釣り針の類型比較からも、フアヒネ島などソサエティ諸島の島々が候補地に挙げられている（アーウィン、一九九二）。また比較民族学や言語学の知見も合わせて考えた先史学の立場から、南部クック諸島を原郷に求める説もあるが、私自身は古人骨などの研究から、この説には否定的な見解を示している（片山、一九九三）。いずれにしてもニュージーランドのポリネシア人は、北方の西ポリネシアなどからではなく、むしろ遠方の東ポリネシアからやってきたことは間違いなかろう。マオリの人たちの身体特徴からも、考古学の出土遺物からも、さらには言語学の研究からも、このことがたしかめられている。

まさにチャタム諸島は、ポリネシア文化圏の最果ての島々である。この島の先住ポリネシア人であったモリオリとよばれる人たちは、ひととおりニュージーランドが開拓されたころに、おそらくはその南島から移住してきたのであろう。ニュージーランド産の黒曜石が見つかっていることから、ニュージーランドとの交流は、かろうじて保たれていたかもしれないが、その他のポリネシアの島々からは完全に孤立したままであったろう。人間以外の陸上の哺乳類では、ネズミだけが人間に便乗して渡っただけであった（アーウィン、一九九二）。

およそ三〇〇〇とも、あるいは八〇〇〇あるともいわれるポリネシアの島々のなかには、ヨーロッパ人の探検航海者たちが訪れたとき、無人島だったものも少なくない。その多くは、正しく表現すれば、すでに無人島となっていたのである。

ミステリー・アイランド

実際にポリネシアの島のなかには、かつての先史時代にポリネシア人が一度は住み着いたが、やがては放棄されてしまった島が少なくない。いったんは住み着いたのに、なぜ再び放棄されたのか、その理由が説明できないので、それらは一般に「ミステリー・アイランド」とよばれている。

その代表がピトケアン島である。この島は映画「バウンティ号の反乱」で知られるが、イースター島の西にある絶海の孤島である。大英帝国の軍艦バウンティ号の反乱者たちが、一七九〇年に苦労して上陸したときは、すでにもぬけの殻となっていた。そこらじゅうに廃墟や叢林などが残されており、ポリネシア人の生活の痕跡が漂ってはいたが。

ミステリー・アイランドは、ポリネシアの海洋世界のいたるところに散らばっている(図15)。先史時代のポリネシア人の遺跡がはっきりと確認されている島には、ピトケアン・グループのピトケアン島やヘンダーソン島、ハワイイ列島の北部諸島のネッカー島と

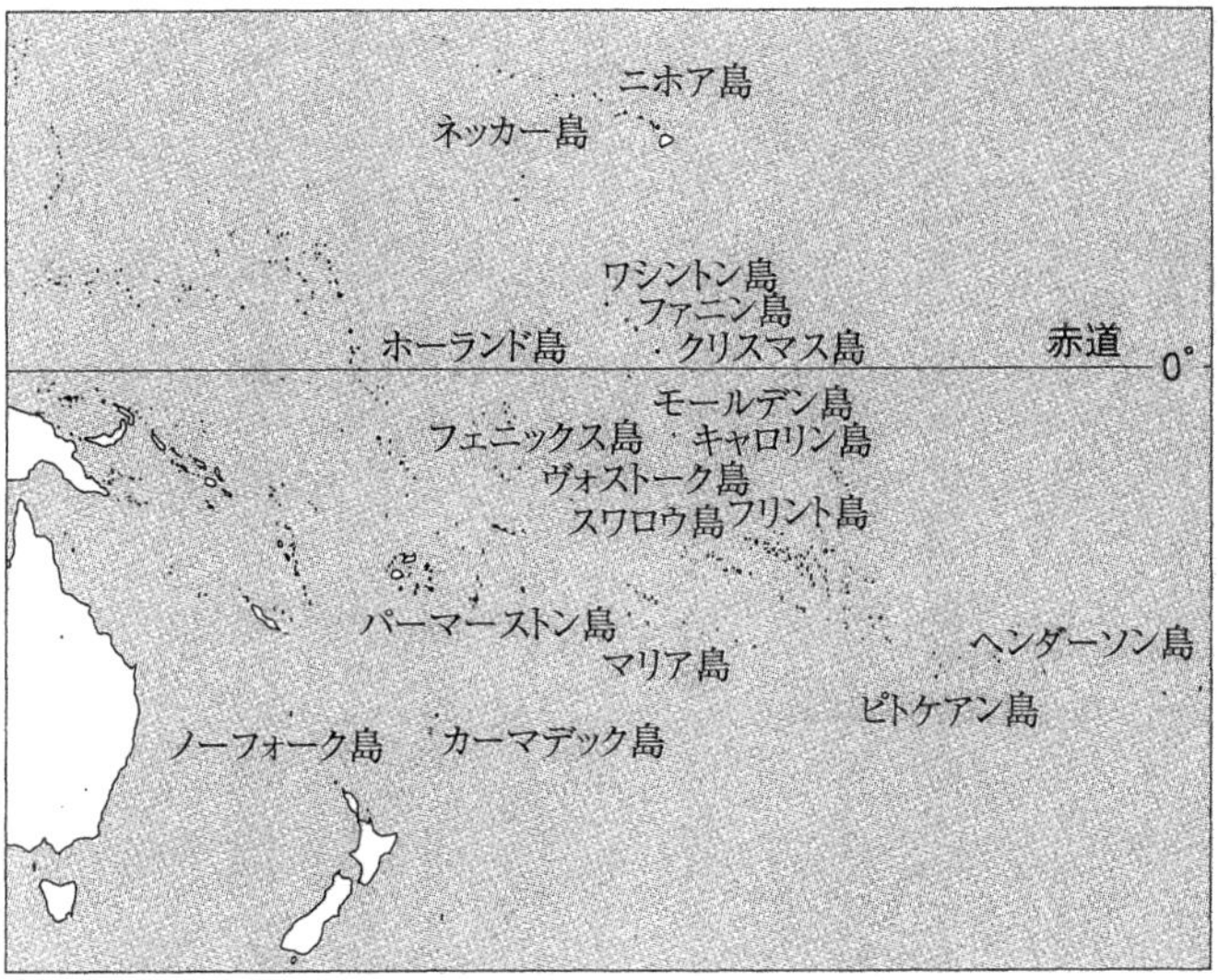

図15　南太平洋に散らばるミステリー・アイランド

ニホア島、フェニックス諸島のホーランド島、ライン諸島のクリスマス島やワシントン島やファニン島、クック諸島のパーマーストン島やスワロウ島、ニュージーランド北部のラオウル島やノーフォーク島などがある（カーチ、一九八八）。このほかにも少なからずあるだろうが、考古学的な調査が不十分であるために確認できない。

ほとんどのミステリー・アイランドは、島の陸地面積がすこぶる小さく、天然資源が乏しく、およそ人間の居住地としては劣悪きわまりないような条件下にある。またポリネシアの島々のなかでも、ひときわ疎外された感が強い孤島であるのが特徴である。湧水がないか、土壌がないか、断崖絶壁に囲まれているか、すぐに高波に呑まれそうに低いか――ともかく、ないないづくしの不毛な島ばかりである。

こんな島までも開拓しようと企てたのか、と思えるような島ばかりで、先史ポリネシア人の植民活動のしたたかさを物語るのに良い具体例を提供するのが、これらミステリー・アイランドである。なかには遠洋航海の途次とか漁撈活動のさなかに漂着し、そのまま住み着いた島もあろうが、わざわざ計画的に植民した島もあろう。いかんせん、永住に適する規模になかった。その島で許された「ピンからキリまでの天然資源」を略奪するだけの生活が営まれた結果、やがて資源が枯渇して、島を放棄せざるをえなかったのであろう。

あとに残された遺跡からは、海鳥類が捕り尽くされたり、樹木などが根絶されるなど、ただでさえ少ない資源がいっそう枯渇していった様子がよくわかる。

ミステリー・アイランドの不思議さは、なぜ人びとが島を捨て去ったのかということにもあるが、いったいいつごろ、そもそもなぜ、どのような手段で、そんな貧弱そのものの島々にまでも植民したのか、という点にもあろう。いずれにしてもミステリー・アイランドの存在は、先史ポリネシア人の航海活動が活発だった時代の様子だとか、彼らの植民活動の詳細を解明するのに格好の手がかりを与えてくれるだろう。さらには海洋性の小さな島嶼の自然環境における人間の生活の可能性と限界、極限状況における人間の適応戦略などのことを考察するのに有力な視点を提供してくれるだろう。

多くのミステリー・アイランドでポリネシア人が居住していた年代は、おおむね紀元千年紀の後半から二千年紀の前半あたりにあったようである。「ポリネシア人の大航海時代」がくり広げられたのは、おそらくそのころで、あらゆる島を対象とした活発な植民活動に猪突猛進していたのではあるまいか。当時のポリネシア人の遠洋航海者たちが描いていた「頭の中の海図」には、ミステリー・アイランドの位置すらも正確に刻みこまれていたのであろうが、それは今となっては想像するほかない。

アメリカ大陸へ

アメリカ大陸へ……

先史ポリネシア人は太平洋を横断したのだろうか。きわめて興味深い設問だが、とても解決できそうにない難問ではある。

「その先が、なにかあるなら行ってみよう」というのが、現代の冒険者どもの旅心だそうだ。それは同時に、あくなき植民航海へ自らを駆りたてていった先史ポリネシア人たちの心であったかもしれない。そうだとしたら、南太平洋を東に東にと、ひたすらカヌーを進めていった先史ポリネシア人の衝動のようなものが、ラパヌイを発見し、あるいはハワイイを発見した後、それらの島々に定着することで燃えつきてしまったとは、とうてい思えないのだ。

しかし地図の上では、ポリネシアの島嶼《とうしょ》世界は、東はイースター島でひとまず終わる。その先には、もう島影などはない。はるか何千海里ものかなたに、まったく別の世界、アメリカ大陸が存在するだけである。だから先史ポリネシア人が、さらなるフロンティア精神を発露したとすれば、そこに向けるしかなかったわけである。

実際、東遷《とうせん》したポリネシア人の航海者たちの一部は、さらにカヌーを進めて、この巨大な大陸にも足跡を残した可能性が非常に高いのだ。むしろそれが、南太平洋の征服という大事業の後につづく必然の成行きというものである。

はたして先史ポリネシア人たちは、太平洋横断航海を計画して、アメリカ大陸にまで到達することに成功したのだろうか。だとすれば、なぜ彼らは南太平洋の開拓者にはなりえたのに、アメリカ大陸ではそうならなかったのか。また、太平洋横断航海を成就した後、なにか変わったことがポリネシア人の歴史に刻まれたのだろうか。

こうした問題は、ポリネシア人の植民活動を明らかにしようとする先史学の研究者には、たまらないほど魅惑的なテーマとなろう。また、アジアを出発して北回りでアメリカ大陸に拡散していったモンゴロイドのグループ、つまりアメリンド（先住アメリカ人）と、南回りで拡がっていった海のモンゴロイドの末裔《まつえい》たるポリネシア人が、それぞれの最前線で実際に遭遇するような出来事が起こっていたと想像するのは楽しい。

今世紀の前半になって、南アメリカや北アメリカの太平洋沿岸の各地から、ポリネシア文化でよく見かけるようなタイプの石器類がつぎつぎと報告された（たとえば、エモリー、一九四二）。またポリネシアのあちこちの島で、アメリカ大陸が原産地である少なからずの種類の有用植物に関する報告がもたらされる（表3）。このような状況のなかで、アメリカ大陸とポリネシアの間で太平洋を横断するような先史時代の文化伝播《でんぱ》があったかなかったか、と尋ねる問題が、俄然《がぜん》、脚光を浴びるようになった。かつて一世を風靡《ふうび》したヘイエルダールのコンチキ説が登場するのも、このような脈絡においてなのである。

サツマイモの謎

なかでも、もっとも大きな関心を誘ったのが、サツマイモの謎である。この中米もしくは南米原産の植物は、ポリネシアの多くの島々には、もっとも重要な作物の一つとして古くから存在していた。ヨーロッパ人が到来する以前にはアジアのどこにも分布しなかったサツマイモが、ことに東ポリネシアの島々、とくにイースター島やハワイイやニュージーランドなど、たがいに遠く離れた島々で、昔から存在していたのである。この事実が確認されるや、この植物がいったいどこから来たのかという疑問は、ポリネシア人とその文化の起源をめぐる論争の回転軸にさえなった。そして、さまざまな学説の引き金となったのである。

そんななか、まず、当時のポリネシア人研究の泰斗《たいと》であったバック（一九六六）は、サツマイモは「先史ポリネシア人が南アメリカまで往復航海して持ち帰ったのであろう」と考えて、ポリネシア人の太平洋横断説を提唱する有力な根拠とした。それに対して、ヘイエルダール（一九五三）はサツマイモの存在を金科玉条として、アメリカ大陸の先住民がポリネシアに漂流してポリネシア人の祖先となったとする「南太平洋のアメリカ・インディアン（先住アメリカ人）説」を唱えるところとなった。かくしてサツマイモの謎は、ついにポリネシア人の起源論争までも巻き込んで、

表3　先史時代からポリネシアに存在したと考えられているアメリカ起源のおもな有用植物のリスト

植物	分布
サツマイモ	汎ポリネシア
タルア(タロイモの一種)	汎ポリネシア
パパイヤ	汎ポリネシア
アメリカ棉	ハワイなど
チリ・コショウ	イースター
	マーケサス
トマト	マーケサスなど？
タバコ	マーケサスなど？
野生パイナップル	ハワイ
	マーケサス
ハワイ・ホウズキ	ハワイ
トトラ葦	イースター
	マンガイア
シャボンの木	東ポリネシア

世界の耳目を集めることになったのである。

ちなみにオセアニアにおけるサツマイモの道は、今ではもう解明されてしまったといってよいが、ダグラス・イェン（一九七四）の精力的な栽培植物学の研究によるところが大きい。ポリネシアのサツマイモは、ヨーロッパ人がニューギニアなどに伝える遥か以前の先史時代、なんらかの（おそらくはポリネシア人の）航海活動によって、まずはマーケサス諸島やソサエティ諸島やクック諸島など東ポリネシアの中央部の島々にもたらされ、その後、イースター島やハワイイ、さらにはニュージーランドなどの辺境ポリネシアの島々につぎつぎに伝達されていったのだろうというのが、彼の結論である。最近になって、クック諸島のマンガイア島で約九〇〇年前の生活遺跡からサツマイモの残骸《ざんがい》が炭化物の形で発見されるに及んで、この仮説の骨子の部分が、おおむね実証されたのではないかと思う。

サツマイモを獲得したポリネシア人

いずれにしてもポリネシア人は、アジアの方面からオセアニアに進出した海のモンゴロイドの系譜につながる。その一方でサツマイモは、太平洋をはさんだアメリカ大陸が原産の栽培植物である。一般に栽培植物は、土器などの物質文化とは違って、ある場所から他の場所へと偶然に漂流したりすることはない。なんらかの人間の意志と、ある程度の交流活動がなければ、新しい場所に伝播することはないのだ。

そんなポリネシア人とサツマイモが交差して、彼らがそれを手に入れるにいたった経緯は、人間の地球開拓史にまつわる非常に興味ぶかいエピソードの一つではあろう。どこで彼らはサツマイモの存在を知り、いったいいつ、どんなルートで、どのようにして、それをポリネシアの島々に持ち寄ったのか。

それと同時に見逃してはならないのは、先史ポリネシア人が南太平洋の島々で積極的に展開した植民活動の最終局面において、サツマイモを導入したことが果たした重要な役割についてである。この植物こそ、彼らが南太平洋の征服を完成するにあたって、まさに神から与えられた最高の贈物のごとく、たいへんな威力を発揮したのである。

サツマイモが導入されるまでの先史ポリネシア人の島嶼生活は、彼らが祖先のころに東南アジアや西太平洋から携えてきた各種の熱帯性の根菜や果樹作物、ことにタロイモやパンノキなどの栽培や園芸に基盤をおいていた。このため大型の「高い島」の乾燥しすぎた風下側、それに小さな「低い島」である環礁《かんしょうとう》島などでは、それらの植物が生育しないため、人びとがしっかりと定着することはできなかったろう。さらにイースター島やニュージーランドなど、亜熱帯圏を外れた島々は、それらの植物には寒すぎて、ポリネシア人が本格的に入植するにはいたらなかったに違いない。

そんなときにタロイモの代替作物たるサツマイモを手に入れることができたとしたら、先史ポリネシア人が新しい島を植民したり開拓するにあたって、はかりしれないほどのメリットが生まれたことは想像に難くない。

その結果、たとえ乾燥した場所であろうと定着生活を送ることが可能になり、ニュージーランドなど温帯域にある島々にも本格的に進出する準備が整ったわけである。それ以上に、一ヵ月や二ヵ月の長期間にわたる遠洋航海に適した携行食料を得たことのメリットも大きかったろう。少なくともタロイモやヤムイモよりは、サツマイモのほうが永い保存に耐えうるからである。

ともかく先史ポリネシア人たちは、サツマイモを獲得することによって、ポリネシアの島々を開拓する植民戦略を大いに発展させることができたはずである。それによって、ニュージーランドなどの植民が可能となったのであろう。とするならば、ポリネシアにサツマイモが持ちこまれたのは、少なくともニュージーランドの開拓に先だったはずだ。

ポリネシア人の最前線

このように、サツマイモひとつを取りあげるだけでも、今から一〇〇〇年以上もさかのぼる先史時代に、ポリネシアと南アメリカ大陸、あるいは北アメリカ大陸との間で、なんらかのかたちで人びとの往来があった可能性を指摘できる。

しかもそれは、先のヘイエルダールの「コンチキ説」が示すように、アメリカ大陸の先住民がポリネシア方面に拡散したためではない。むしろその逆、先史ポリネシア人が南アメリカ、そして北アメリカの西海岸へおもむき、太平洋を横断する往復航海を果たしたことによる可能性のほうが高いのだ。

ヘイエルダールの仮説について、その要点は「南太平洋のアメリカ・インディアン説」なのである。つまり、すべてのポリネシア人がアメリカ大陸方面から漂着した人びとに起源したと考えるのだ。

まずは紀元五〇〇年ごろ、南アメリカの太平洋岸に住む先住民の人たちが南東貿易風と南赤道海流に乗って東ポリネシアの島々に筏《いかだ》で漂着し、最初のポリネシア人となった。その後五〇〇年くらいたって、こんどは北アメリカの北西海岸に住む先住民が、北東の貿易風と北赤道海流を利用してカヌーでハワイイに到来し、そのときにカヌーが伝えられた。

その人びとがカヌーを改良して、ポリネシアの各地の島々に拡がり、先に筏で漂着したグループと混血することにより、今のポリネシア人の祖先が誕生したのだ、と主張するわけである（ヘイエルダール、一九五三）。

ヘイエルダールの「コンチキ説」に触発されたように、ポリネシア人の起源に関して、さまざまな方面からの研究がさかんになった。しかし、アメリカ原産のサツマイモと数種の有用植物にかかわる限られた状況証拠を除き、ポリネシアの島々では彼の仮説に有利な証拠はまるで見つからない。それとは逆に、つぎつぎと集まる言語学、考古学、民族学、人類学に関係する知見のほとんどは、ポリネシア人じたい、それに彼らの文化が、太平洋のアジア側に出自したことを強力に示唆するものばかりなのである。それでもヘイエルダールは、赤道付近を卓越する風向きと風力の分布についての通念を振りかざして、「南太平洋の貿易風帯を先史時代人が東方に航海することなど、まったくありえない話だ」と自説を曲げない。

ヘイエルダールが神頼みとした南太平洋の風向と海流に関するテーゼも、今や訂正を余儀なくされることとなった。貿易風帯といえども、彼が指摘するように、東からの風が一年中たえず吹き荒れているわけではない。季節と季節のはざまには、あるいはエルニーニヨなどの気象イベントの折々には、しばしば風向きなどが変わりうることが明らかにされてきた。そもそも文明世界の常識人が想像するほどに、先史ポリネシア人のカヌー航海のテクニックが軟弱なものではなく、ときに必要とあらば、いとも簡単に逆風航海を行えたことなどもわかってきた。

もちろんサツマイモなどの場合は、それを積んだペルーあたりのアメリカ先住民の小舟が漂流し、たまたま遭遇したポリネシア人のカヌーに拾われて、ポリネシアに運ばれたなどの可能性は捨てきれない。そのときでも先史ポリネシア人の航海者たちが活躍していたからこそ、そうした伝播も起こりえたわけである。

かくして、もし太平洋を横断するような文化伝播があったことを匂わせる証拠が見つかれば、その媒介者は、あくまでもポリネシア人の航海者たちであった、と考える理由が確固たるものになってきた。東アジアからメラネシア、さらにはリモート・オセアニアの島々へと東進していった先史モンゴロイドの流れをくむポリネシア人の遠洋航海者たちが植民したハワイイやマーケサス諸島、さらにはイースター島などの延長線にあったのが、アメリカ大陸ということになるわけだ。

たしかにポリネシア人の祖先たちは、南太平洋の島々を植民する長い長い旅の果てに、南北のアメリカ大陸の海岸にまで行き着いたのだろう。結局のところ、ポリネシア人によるアメリカ大陸の「再発見」は、ラパヌイやハワイイを植民した大偉業の付録のようなものだったかもしれないが、たんなる小さなエピソードと片づけるのは、いかにも忍び難い。まさにアメリカ大陸こそが、ポリネシア人の遠洋航海者たちには最前線、あるいは終着点だったのかもしれない。

このように考えればこそ、東ポリネシアや辺境ポリネシアの島々で先史時代のころからアメリカ大陸原産のサツマイモが重要な栽培植物であったことの理由、南米や北米の沿岸部に痕跡としてではあるが、ポリネシア文化を特徴づける文化要素のいくつかが存在することの不思議、さらにチリ沿岸の島にある遺跡でポリネシア人の特徴をもつ古人骨が見つかったことなどの謎が、うまく整合的に説明できるのだ。

アメリカ大陸におけるポリネシア人の痕跡

もちろん、先史時代のポリネシア人航海者たちがアメリカ大陸に上陸したことを歴然と示す考古学的証拠があるわけではない。あくまでも状況証拠の域を出ないものしか見つかってない。

当然のことながら、太平洋横断の航海に成功してアメリカ大陸に到達したポリネシア人の数はきわめて少なかったはずである。ひょっとしたら最小限の人員、一隻かそこらの大型カヌーに乗船できるだけの人数だったかもしれない。たとえなんらかの物質文化や技術を携えていたとしても、それらが大陸側で定着した可能性は乏しかったであろう。それらはアメリカ大陸の先進文化に容易に吸収されてしまったろうし、たいしてインパクトを及ぼすにはいたらなかったことだろう。となると、アメリカ大陸の沿岸部で昔のポリネシア人の痕跡を探すのは、きわめて難しい課題となる。

それでも、たしかにポリネシア起源であると証明されたわけではないが、ポリネシア人の匂いが残る状況証拠と認められた考古遺物なども少なくない。めぼしい例では、南アメリカの太平洋沿岸部で見つかった、ポリネシア語でトキとよばれる磨製石斧《ませいせきふ》やパツとよばれる石製の棍棒《こんぼう》類がある。また北アメリカの沿岸部ではハワイイなどと共通する形式の骨製の釣針とかランプ石などが発見されているが、これらは、おそらくポリネシア文化が漂着した物だろう、と数えられている（フィニー、一九九四）。

最近になって、チリの太平洋岸にあるモチャ島やチロエ島など、マプチェ族とよばれる人たちのテリトリーで行われた一連の調査によって、ポリネシア人やポリネシア文化の痕跡を示すと思われる有望な証拠がいくつか報告された（ラミレッツ、一九九〇—九二）。とりわけ食指が動くのが、ポリネシア人の特徴を非常に強く示す下顎骨《かがくこつ》である。モチャ島で発掘されたのだそうだが、まだ年代測定が不十分なままなので、今のところ決定的な証拠とするにはいたらない。私自身もスライド写真でそれを見せてもらったが、東ポリネシアの島々やニュージーランドで出土する先史ポリネシア人骨の特徴が非常に濃厚に認められる。これからの詳細な検査が待たれる。

このほかにも、ことにマプチェ族のテリトリーではポリネシア人との接触を疑わせる数々の発見がある。たとえば、東ポリネシアで見られる様式をした石製人物像が存在することであり、ある考古遺跡でニワトリの骨が発見されたことであり（ちなみにポリネシア人はニワトリを飼っていたが、アメリカ大陸には存在しなかった）、東ポリネシアで磨製石斧を意味する「トキ」など、ポリネシア語に由来するらしき言葉が分布することである。これらの報告はまだ十分に市民権を得るにはいたらず、この類の知見もまだわずかに断片的にしか見つかっていないが、アメリカ大陸にポリネシア人が到来したことを示す直接の証拠と考えられるようになる日も近いのではなかろうか。

先史時代の太平洋横断ルート

このように、まだ仮説の域を出ないが、先史ポリネシア人が太平洋の横断航海に成功していた可能性を否定するのは難しい状況にある。彼らは当然、アメリカ大陸の沿岸に上陸して、そこの先住民の人びとと遭遇したであろう。どれくらいの数の航海者がいたか定かでないが、ふたたび故郷のポリネシアの島に帰還航海した者がおり、そのときにサツマイモなどの栽培植物を携えて帰ったのであろう。こうした推論も今では、さほど突飛な妄想などとはいえなくなった。

つぎの問題は、そのルートである。先史ポリネシア人たちは、いったいいかなるルートをとり、太平洋を横断する航海に成功したのだろうか。彼らがいかに卓抜な遠洋航海民だったとしても、ポリネシアのどの島からも、そしてアメリカ大陸のどこにでも、自由自在に気ままに往復航海ができたわけではないだろう。

この問題を先史学の方法で解き明かそうとするのは難しい。その鍵となるのは、アメリカ大陸の太平洋沿岸地帯に遺残するポリネシア文化の「化石」だろう。あるいは考古遺物だろう。広く民族誌の資料を漁《あさ》り、うまいこと考古遺跡を発掘する以外にはない。それに、アメリカ大陸が原産地である何種かの有用植物について、ポリネシアの島々で分布調査を行うことも重要であろう。さらに、先史ポリネシアの航海用カヌーを復元して、それで実験航海を重ねるのも有力な視点を提供してくれるかもしれない。

南アメリカ大陸でポリネシア文化の匂いがする有力地としては、まずチリのモチャ島やチロエ島などマプチェ族のテリトリーが挙げられる。そこからいちばん近いポリネシアの

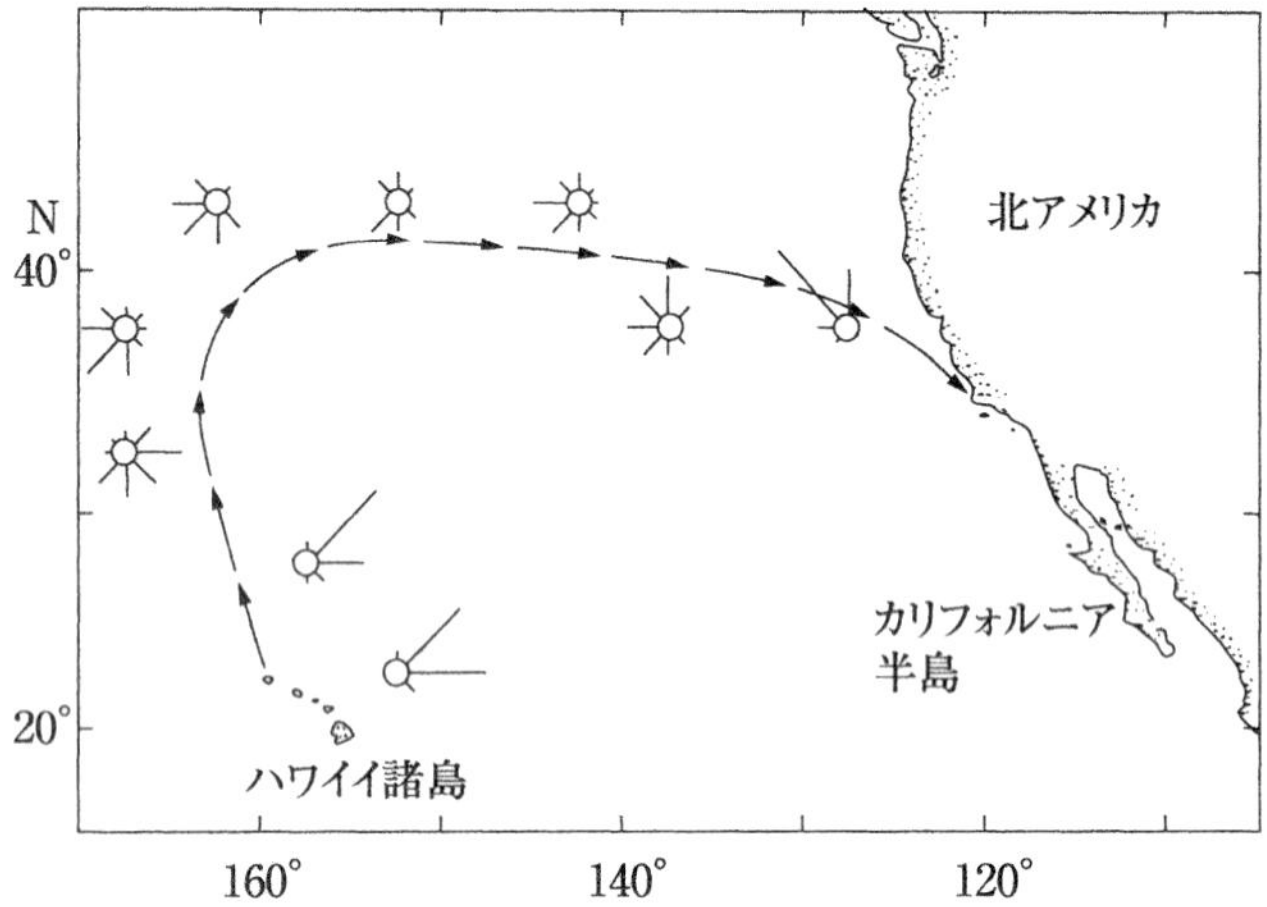

図16a　先史ポリネシア人の太平洋横断航海の想定ルート、その1

ハワイイ諸島から北アメリカの沿岸にむかう。記号は年間の風向量の割合を示す。

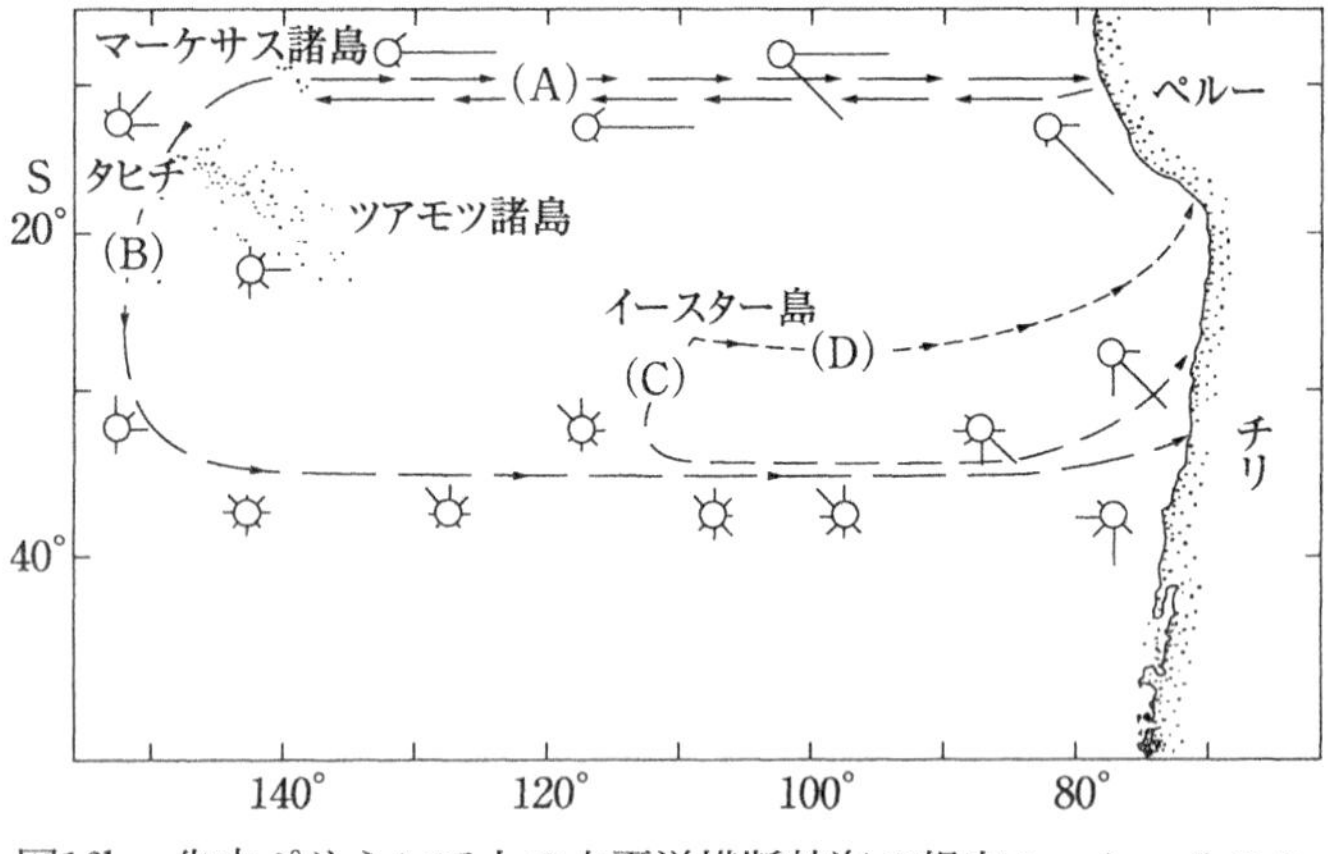

図16b　先史ポリネシア人の太平洋横断航海の想定ルート、その2

(A)バックが想定した先史ポリネシア人の往復航海ルート。(B)19世紀のマーケサス諸島とバルパライソ間の航海ルート。(C)偏西風帯を迂回する想定ルート。(D)冬場の偏西風を利用したルート。

島はイースター島である。ガラパゴス諸島を経由して、マーケサス諸島からペルーなどの沿岸にいたるルートも無視できないだろう。そして北米では、北西海岸やカリフォルニアあたりの先住アメリカ人のテリトリーである（フィニー、一九九四）。とすると、ハワイイ諸島からということになる。実際、アメリカ大陸が原産地とおぼしき植物の栽培品種は、イースター島、マーケサス諸島、それにハワイイなどに集中して分布するようである（イェン、一九七四）。

となると、ポリネシア人が上陸した候補地としては、チリからエクアドルあたりにかけての沿岸地帯、北米のカリフォルニア海岸や北西海岸あたりが有力となる。また、船出した候補地としてはイースター島、ハワイイ、マーケサス諸島あたりが考えられる。

これまでにもバック（一九六六）は、マーケサス諸島とチリやペルーあたりの沿岸を結ぶ往復航海を想定している。また、ラミレッツ（一九九〇―一九九一）は、イースター島とチリの離島部の間で関係があったのではないかと匂わせている。しかしながら、マーケサス諸島と南米海岸の間は貿易風がもっとも優勢なゾーンであり、エルニーニョ現象などの異常気象のときを除いて、このルートはきわめて困難であったろうという指摘があり（フィニー、一九八五）、イースター島とチリの沿岸部を結ぶ線は、たしかに海流や風向の面からは理想的だろうが、石器時代の航海民には気候条件が悪すぎたのではないかとの指摘もある（ホートン、二〇〇〇）。

この問題に対する論考を試みたフィニー（一九九四）の研究は大いに傾聴に値する。彼は各種の気象条件を考慮しながら、自らが参加した復元カヌーの実験航海での経験をふまえて、ポリネシアからアメリカ大陸にいたる二つのルートを候補として挙げる。ひとつはイースター島とチリの沿岸を結ぶルート（図16b）、そして他はハワイイとカリフォルニア海岸の間のルートである（図16a）。この両方とも、いったん中緯度の偏西風帯に迂回して、そこから卓抜する偏西風を利用して東進するルートである。ちなみにこれらは、かつてはヨーロッパ人の探検航海者がよく利用し、現在でもヨットの航海者たちが通る航路でもある。先史時代のことだから実証するのは難しいが、なかなかに説得力をもつ指摘である。

先史時代のポリネシア人航海者たちが、いつのころ、いずれの島から、どのようにして、いかなるルートで、そしてアメリカ大陸のどのあたりに到着したのか。そうした航海活動が、どれくらい活発に行われたのか。こうした問題に対して、いつの日にかたしかな解答が得られるだろうなどと期待するのは甘すぎるかもしれないが、古代のロマンの香りが漂う先史学の課題として大いに想像力がかき立てられる。

蛇足になるかもしれないが、アメリカ大陸からの帰還航海は、はるかに容易に達成できたであろう。東ポリネシアの島々とアメリカ大陸の太平洋岸を隔てる海洋が三〇〇〇海里であろうと、あるいは五〇〇〇海里あろうと、古代ポリネシアの遠洋航海者たちには、帰りの航海はたいしたことはなかったのではあるまいか。いったん航海すればすぐに帰還できたはずだ。太陽の道や星の道を座標とする「頭の中の海図」を頼りにした彼らの伝統的な航海術のなせるわざである。もちろん二度目や三度目の太平洋横断は、最初のものとは比較にならないほど容易になされただろう。

そもそも、ポリネシアの島々を開拓したときに先史ポリネシア人の航海者たちが採用したのは、〝行きは恐いが、帰りはヨイヨイ〟の植民戦略だった。基本的に海流や風による海洋条件に棹《さお》さす方向に植民していったので、たしかに新しい島を発見するための発見航海は厳しかったろう。でも、そのぶんだけ帰還航海が容易になる。それにつづく植民航海は、発見航海をなぞるだけなので、これまたさらに容易だ。そうやって島々を結ぶネットワークを作り、海洋島嶼世界を開拓していったのだろう。

以上の推論をまとめると、イースター島やハワイイの島々を植民した先史ポリネシア人は、おそらく東方に向け、さらなる植民航海の旅に出たのであろう。そして南アメリカや北アメリカの沿岸部に到達した。

二つのモンゴロイドの出会い

そのころは、まさにミステリー・アイランドなどが発見されつつあった時代であり、ポリネシア人の大航海時代が絶頂にあった紀元千年紀の後半ではなかったろうか。たぶん帰還航海のさいに持ち帰ったサツマイモが、そのあと、きわめて広い範囲の島々に伝播されたことからも想像できる。

さらに想像をたくましくすれば、ポリネシア人が太平洋の横断を果たしたのに、二つのルートが最有力だったろう。ひとつはイースター島から、しばらく南下して貿易風帯を外れ、偏西風の追風を利用してチリ沿岸部のモチャ島やチロエ島に直行するルート。そして一つはハワイイから、ネッカー島などを通って北上し、同じく偏西風帯を北西海岸まで疾走するルートである。前者は「南太平洋ルート」、後者は「北太平洋ルート」とでもよべよう。いずれも吹きさらしのカヌーの上で、ひどい寒さと強い風に曝《さら》される苛酷《かこく》な航海であったろう。南太平洋の島々を植民する過程で、近代技術でも作りえない「寒冷適応体質」という衣服を身体に纏《まと》うことになったポリネシア人だからこそ可能な航海だったろうか。

おそらくイースター島から南アメリカへの航海は、まもなく不可能となった。サツマイモ栽培などが導入されることにより森が失なわれ、かつては緑に被われていた島の植生が荒廃し、大型カヌー建材用の樹木が壊滅したからである。ハワイイから北アメリカにいたるルートも、いつの間にか忘却の淵に沈んでしまったようだ。このルートの途上にあるハワイイ列島の北はずれのネッカー島に、ポリネシア人の航海者たちが立ち寄らなくなったことを示す考古学的事実から、このことがうかがえる。

これらのルートでアメリカに到達した先史ポリネシア人が、そこでアメリンド（先住アメリカ人）の祖先に遭遇したのは間違いない。アジアのモンゴロイドの流れをくむ両グループが、それぞれの故地を遠く離れた場所で奇《く》しくも邂逅《かいこう》したわけである。彼らの出会いの様子は、どのようなものだったのだろう。ポリネシア人は、はたして友好的に迎えられたか、それとも敵対的にあしらわれたのか。

ちなみに一八世紀から一九世紀のころ、運命のいたずらのせいで、北アメリカの北西海岸にある先住アメリカ人の部族に入りこんだハワイイ系ポリネシア人の船乗りは、すぐに社会にとけ込み、結婚し、母の言葉を喋《しゃべ》る子孫を残したという（フィニー、一九九四）。また一九世紀のころ、同じあたりに漂着した日本人の船乗りは奴隷生活を強いられたという。ともかく、先史ポリネシア人が航海で持参した石器類やニワトリなどが、ひっそりとアメリカ大陸に残されたことだろう。またアメリカに上陸したポリネシア人のうち、少なくとも一部はふたたびポリネシアへ帰還航海の途につき、そのさいに、サツマイモなどのアメリカ原産の有用植物を持ち帰ったのであろう。

おそらく、すでにアメリカ大陸が人間の住む地であったから、あるいは敵対的な待遇を受けたから、あるいは別の理由から、そこへ引きつづき植民航海を企てることはなくなったのだろう。その代わり、ポリネシア人の植民航海の矛先《ほこさき》が新たにニュージーランドなどに転じられることになった、と考えるのは突飛なことだろうか。

「もしも……」

もし「もしも……」という仮定が許されるなら、とんでもない方向に回転した歴史というものを想像することができよう。そんな架空の歴史を一齣《ひとこま》々々点検してみるのも一興だろう。先史モンゴロイドの拡散の歴史で、もっとも妄想をかきたてるような局面の一つが、先史ポリネシア人の航海者たちによるアメリカ大陸への遠征ではなかったろうか。彼らがアメリカ大陸に上陸したころ、もしもそこが、あるいはアメリカ大陸の西海岸一帯が、まだ人間の処女地だったとしたら、歴史はどうなったであろうか。

そんな仮定に答えるのは難しいことではない。最初の遠征グループが故郷の島々に持ち帰ったのは、サツマイモなどの栽培植物だけでなく、そこに「おそろしく巨大な未知の島」が存在するという情報もあったろう。その結果、第二次、第三次とつぎつぎに遠征カヌーの船団が組織され、多くのポリネシア人たちが、その巨大な島をめざして植民の旅に赴いたであろうことは想像に難くない。つまり、かつての東ポリネシアの島々が植民されていったのと同じようなことが起こっただろう。

おそらくアメリカ大陸の一部、少なくとも太平洋の沿岸部のあたりは、ポリネシア人のテリトリーに入っていったであろう。さらに彼らの一部が海辺を離れて、内陸部にも拡散していった可能性が考えられる。そしてアメリカ大陸のさまざまな環境条件のもとで、アメリンドの人びとが展開したのとは、ひと味もふた味も異なる社会を創り、生活や文化をくり広げていったことだろう。

そうして今から五〇〇年前のころ、アメリカ大陸に闖入《ちんにゅう》したヨーロッパ人の征服者たちが見たのは、黄金郷ではなかったかもしれないが、彼らが出会ったのは、堂々たる偉丈夫が多いものの、やはりモンゴロイドの人びとであることには違いがなかった。しかし、そのモンゴロイドの人びとは、アジアの故地を離れて、はるばると一万海里に及ぶ距離を航海に航海を重ねて南太平洋経由で到達した南廻りのモンゴロイドであった……となるのだが。

いかにも、アジアの日本という国でテレビの番組づくりをする人たちが好みそうな話だが、そんなことは実際には起こらなかった。あくまでも架空のストーリーなのである。したがって、縄文人が太平洋を横断したとか、縄文土器が南米大陸に渡ったとか、そんなことは断じてなかったのだった。

謎の先史海洋民族　ラピタ人

「南太平洋のバイキング」

すでにラピタ人について言及してきたが、あらためて登場願う次第である。海のモンゴロイドのオセアニアへの拡散を語るとき、あるいは私自身のポリネシア人研究を語るとき、もっとも核心部分にあるキイワードとなるからである。

幻の海洋民族

その昔、ラピタ人とよばれる人たちがいた。ときは先史時代、今からさかのぼること、およそ四〇〇〇年ちかく前から二〇〇〇年あまり前のころのことだった。ところは南太平洋。ニューギニアの東に隣接するメラネシア多島海の島々から、ソロモン諸島、バヌアツ、フィジーなどの海洋メラネシアの島々をまたがって、トンガ諸島やサモア諸島の西ポリネシアにいたる広大な島嶼《とうしょ》世界であった。まだ人間にとって処女地であった島々の世界に最初に進出、植民・開拓を果たしたのが彼らである。人間の歴史で、もっとも遠く広い旅となった太平洋の民族移動の核心部分をになない、人間の地球開拓史においては、最後のページに登場するポリネシア人の祖先となった人びとなのだ。

ラピタ人は不思議な人たちであった。もちろん、まだ文字をもたず、いっさいの金属器もない時代のことであった。それなのに大型のカヌーを自在に操り、まさに太平洋を自家《じか》薬籠《やくろう》中のものとして意のまま気のむくままに遠洋航海していたらしい。そこに散らばる島々をつぎつぎと発見、植民・開拓していっただけでなく、海を舞台にした大規模な交易活動にも積極的に励んでいたらしい。まさに「石器時代のバイキング」、あるいは「南太平洋のバイキング」とよぶにふさわしい。

ラピタ人は一種独特の土器文化を有していた。ラピタ土器とよばれるが、中華どんぶりの縁に見られるような連続した幾何学模様（メアンダー模様という）や派手な人面模様などの刺突紋や押し型紋を外表面に施された平底の土器が少なくない。なんの目的で紋様をつけ、どういう用途で土器を使用していたか、いまだ定かでないが、ともかく私たちはラピタ土器のあるなしで、彼らが住んでいた場所を特定できるのだ。

ラピタ人の生活も奇妙きわまりなかった。大陸世界に住む人間には、およそ想像を絶す

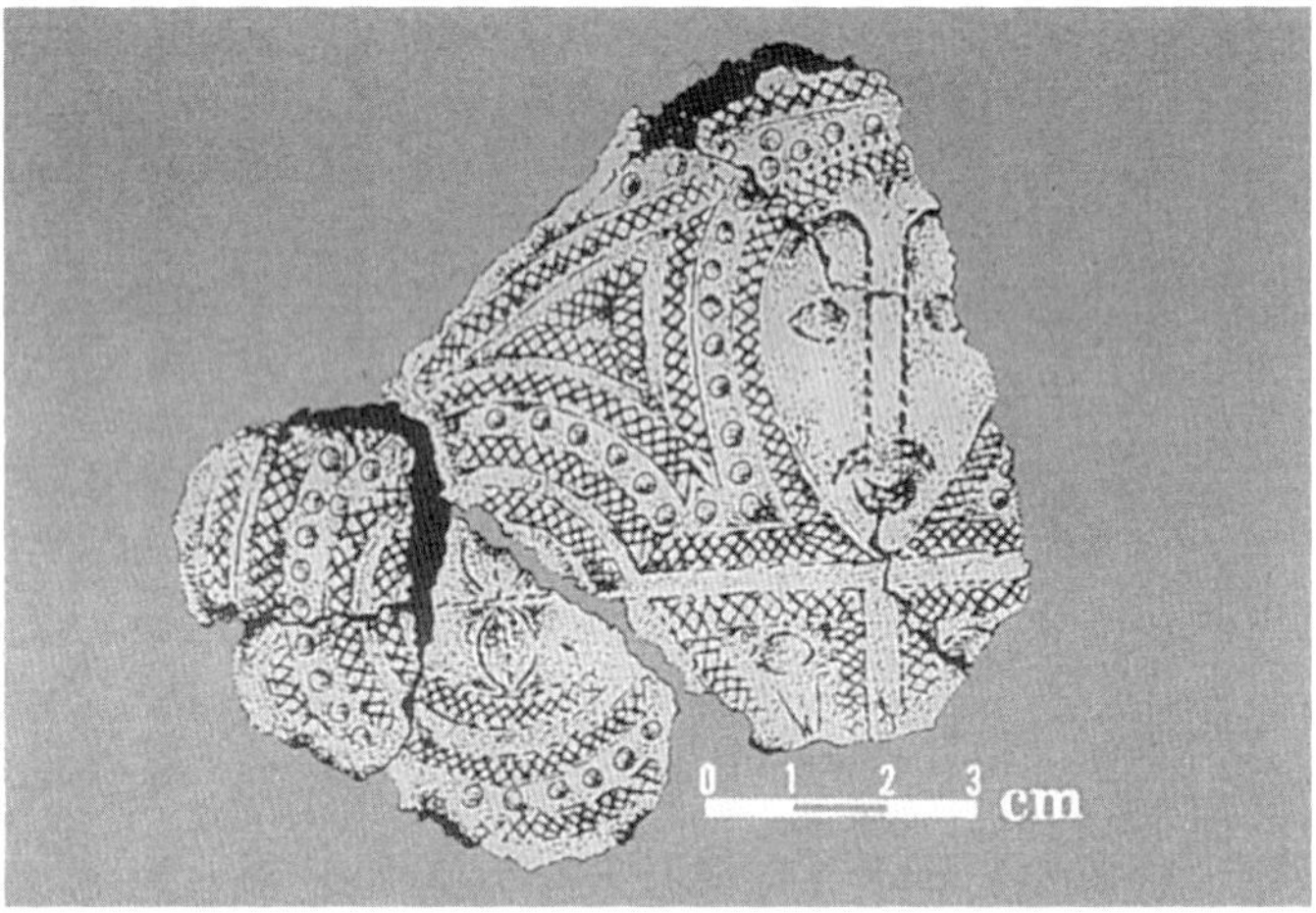

図17　ラピタ土器

ラピタ人はこんな紋様の土器を作っていた。

ることだろう。達者な園芸農耕民であったのに、同時に類《たぐい》まれなる漁撈採集民であった。さらに交易民でもあったらしい。園芸栽培が得意であった彼らは、東南アジア原産のタロイモやヤムイモなどの根菜類、多くの果樹や花卉《かき》植物を南太平洋の島々に運んでいった。さらに、ブタ、イヌ、ニワトリなどの家畜類を遙々《はるばる》と持参した。漁撈採集民だった彼らは、大きな島の海辺や小さな島に居をかまえ、およそピンからキリまでの海産資源を利用する生活術に磨きをかけていった。さらに交易民だった彼らは、遠くの島まで黒曜石の石材や土器を持ち運んでいたのだ。

ラピタ人は忽然《こつぜん》と現れて、いつのまにか姿を消していった。どこから彼らが来たのか、いったい彼らは何者だったのか、どこに彼らは行ってしまったのか。こうした疑問に答えることによってこそ、南太平洋における人間の歴史のブラックボックスが明らかにされるだろう。そして、アジア世界と太平洋世界の接点が見つかることだろう。さらに、人間という動物が海洋世界に住むことの可能性と限界のようなものを探ることができよう。

まさにラピタ人は幻の海洋民族である。その実像にせまってみよう。

ここでは、すでにさきの章でふれたラピタ人が主人公となる。でも、さきの記述のなかではラピタ人を丸見えで登場させるようなことはしなかった。ところでたいていの人は、それまでその名前すら知らなかっただろうと思う。そこで、いささか冗長になるが、あらためてラピタ人の実像について整理しておくのがよかろう。

たしかにラピタ人は存在した

ラピタ人という民族、今の地球上には、どこを探しても、そんな人びとは見あたらない。我が愛用する『日本語大辞典』のような〝万能検索書〟を探しても、ラピタの「ラ」の字も出てこない。だからテレビなどのドキュメンタリーに生々しく登場することなどもない。しかも地理や歴史の教科書の類、あるいは世界民族事典とか世界歴史事典のようなものにも載っていないのだから、その名前を目にすること耳にすることは、めったにないだろう。

もっと忍耐づよくラピタ人の名前を探そうと、遠い過去のことに目を向けてみる。しかし、歴史上の人物が残した紀行文、叙述、碑文など文字記録の類には、いっさい登場することがない。さらに現存する諸民族の口碑《こうひ》伝承、古謡、神話のようなものを集めた民族誌の類を漁《あさ》ってみても、いずれも結果は同じこと。そんな名前の人びとのことなど、どこからも出てこないのだ。

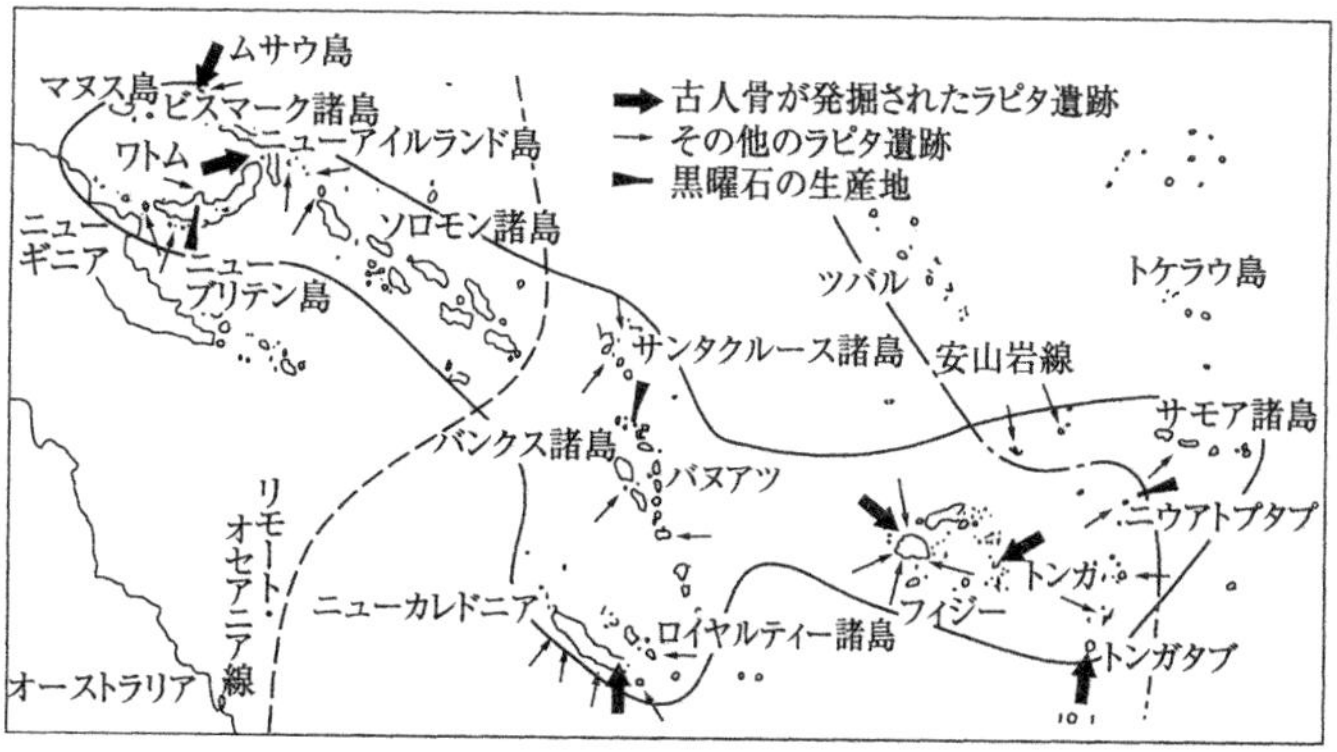

図18　ラピタ遺跡の分布

古人骨の出土遺跡はきわめて少ない。黒曜石は、多くの遺跡で出土しており、交易されたものである。

ならば、怪しげな宇宙人のごとき架空の存在なのか？　そんな疑問には、ハッキリと断固たる調子で答えておく。たしかにラピタ人は実在した人びとなのである、と。けっしてヨタ話に出てくる古代文明人などのごときと同類ではないのだ、と。

さっそく、論より証拠とばかり、話を進めていきたいところだが、まずは結論だけでも述べておこう。たしかに、人間の歴史のあるとき、地球のあるところで、ラピタ人という名前の人びとは生きていた。いわば時をこえ実在した民族なのだ。

実際、彼らが実在したことを示す証拠は、過去を発掘する考古学の研究活動によって、あますところなくとはいかないが、今では十分に積み重ねられている。彼らが存在したことを物語る遺跡が多く見つかっており、そこでは土器や石器や貝殻細工など彼らの生活活動や文化に関する産物、それに彼らの亡骸《なきがら》ともいえる古人骨が出土しているのだ。しかも一定の地域にわたって、一定の時代に関係してのみ見つかっている。

そんな証拠をもとに私たちは、「たしかにラピタ人は存在していた」と断言できるのだ。いつの時代、どこからどこまでの地域に分布していたのか。どんな言語を使い、どんな格好をした人びとだったのか。どんなタイプの生活をしていたのか――などなど、彼らの実像については、今や十分な手ごたえで語ることができるようになっている。

よみがえったラピタ人

もちろんラピタという名前そのものは、われわれ現代人の発明の産物である。たんなるラベルにすぎない。そういうふうに周りからよばれたり、そう自称するような人びとがいたわけではない。そのラベルがどうのこうのという問題はともかく、ある共通の生活基盤をもち、特定の文化を共有して、おそらくは同じ言語を話し、同じような身体特徴をしていたことで、ひとつの名前で総称できるような人びとが、かつて地球上に実在していたのである。そうした人びと、つまりは民族に対して、ラピタ人という名前が与えられることになったわけである、と思っていただきたい。

もちろん現存するわけではないから、視覚でとらえることはできない。さらに文字による記録もない。誰ひとり記憶のなかに留《とど》めているわけでもない。だからといって、誰それか、あるいはなんらかのグループかが存在しなかったことを示す証しにはならない。そんなことは当たり前なのだが、でも逆に、いったん忘却の淵《ふち》に沈んでしまった人物やグループについて、彼らが実際に存在したのを証明することは、ほとほと難儀な問題である。

さまざまな学問体系や科学的な方法論が確立された現代では、いっさい文字による記録類がなくても、あるいは人間の記憶から完全に消え去っていようと、過去の歴史の出来事とか、かつて歴史のはざまに存在していた人たちのこと、あるいはその人たちの文化の内容などを解き明かしていく手段はある。そんな手だてが、先史学であり、考古学であり、あるいは人類学の研究活動である。まさに昔の人びとや事物、さらには出来事などを過去の闇のなかから発掘していくわけだが、実際に一九世紀以来、じつに多くの人びとや民族のことが再発見されるところとなった。

そんな先史民族のひとつがラピタ人である。彼らが歴史の闇のなかから現代によみがえってきたのは、やっと二〇世紀になってからのことだ。ラピタ人の発見は、数ある先史民族の発見例のなかでも、少なくとも二〇世紀になされたものでは、最大の発見とよんでよいのではなかろうか。ちょっと割引いても、二〇世紀の最重要発見の一つにあげてよいだろう。もちろん私自身は、こう主張して、なんらはばかるところはない。

ちなみに、たしか『ガリバー旅行記』には「ラピュタ」なる架空の国のことが語られている。また、その同じ名前が宮崎駿氏のアニメ大作のタイトルにも使われている。しかし残念ながら、この「ラピュタ」なる名前は、本書のラピタ人とは、まったく縁もゆかりもない。余談だが、私が通う私鉄の沿線に、「アピタ」と書かれた高層住宅ビルがある。見るたびラピタ人を想起するのだが、これも関係あるまい。ともかく日本では、ほとんど馴染みがないのだ。

ならば別の方面を探してみようと、近くの本屋さんに行き、雑誌棚に目をやる。はたして『ラピタ』なる物件が発見できるだろう。じつのところ、この名前を冠したアウトドア雑誌が発行されている。よく調べたところでは、こちらのほうの「ラピタ」は、わが主人公たるラピタ人と大いに関係がある。まさにラピタ人の名前を借用したものなのだ。

遙かなり、ラピタネシア

その昔、この地球上にラピタ人が存在していたのは、今をさかのぼること三六〇〇年あたり前から二〇〇〇年あまり前にかけての時代である。本州日本では縄文時代の後期から弥生時代の前半にかけてのころにあた

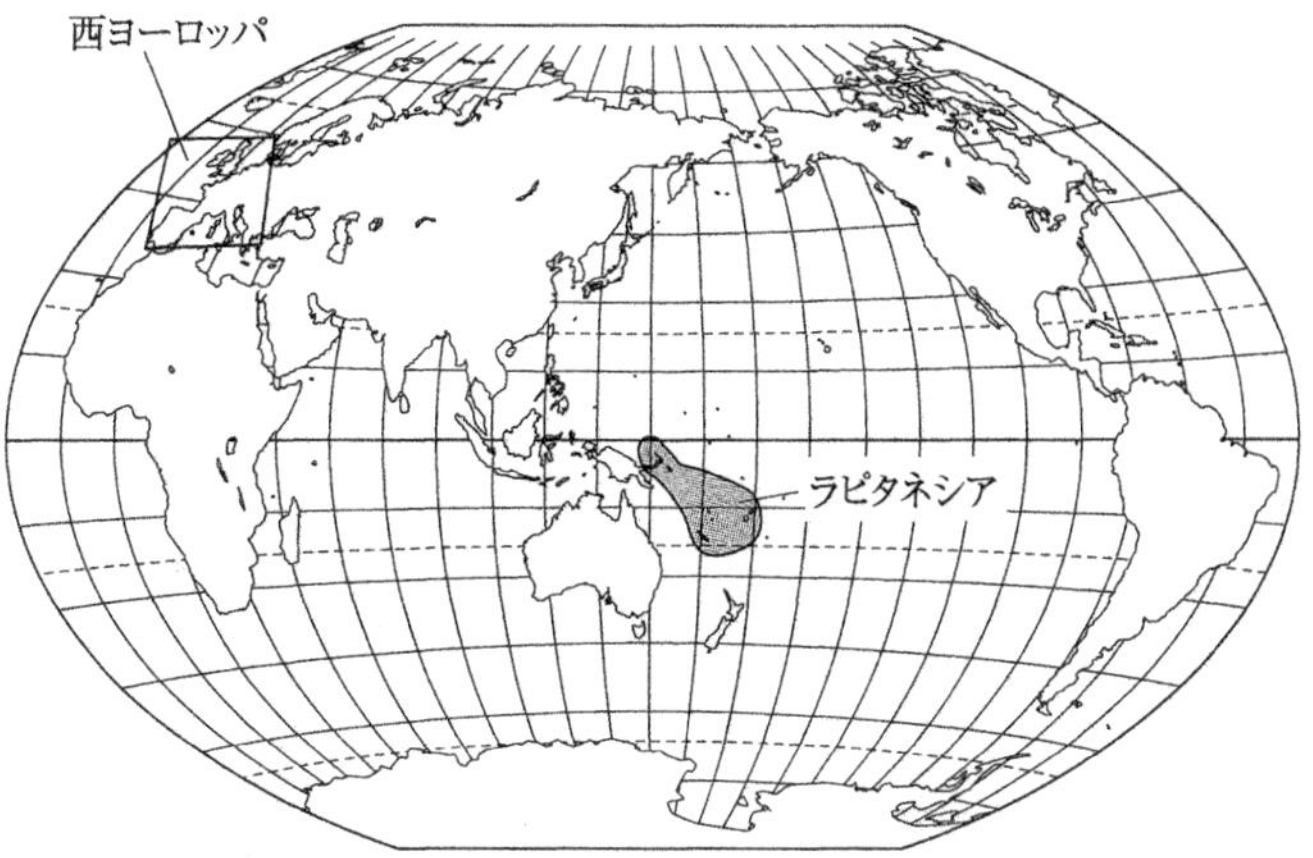

図19　ラピタネシアの範囲
ラピタネシアの広さは西ヨーロッパのそれに匹敵する。

る。つまりラピタ人は、日本の縄文人と同時代人なのだ。

ラピタ人が住んでいたのは、オセアニア地方の一部の地域である（図19）。こうした表現、つまり何かの一部という言い方は物事を矮小化してとらえやすいので、ときどき誤解を招く。ラピタ人の場合も、そんなケースかもしれない。この場合、けっして小さな局部的な地域と思ってはならない。いったい何の一部かということ、つまり何が分母であるかによって、その意味あいが大きく違う。

実際、かつてラピタ人が分布していた地域の空間的な広がりは、けっして狭くはない。むしろ威風堂々たる壮大なスケールである。小さな局地に身をひそめるようにして彼らが存在していたのではないのだ。たとえて言えば、およそ日本列島からフィリピンあたりまでに及ぶ東シナ海の一帯、あるいは西ヨーロッパ全体、それらがスッポリと収まるくらいの広大な領域に展開していたのだ。それは「ひとつの世界」とよぶことに、なんの躊躇《ちゅうちょ》も必要としないほどの広がりである。

その世界は同時に「ネシア」、つまり「島々の世界」でもある。だから、かつてラピタ人が展開していた地域を「ラピタネシア」（〝ラピタ人が住んでいた島々の世界〟の意味）とよんでもさしつかえはあるまい。

このラピタネシアは、地理学で常用される区分や用語を借りれば、メラネシアとよばれる地方の大部分、さらにポリネシアという地方にまで伸びていた。そこには、西端にニューギニアの北東部に接するビスマーク諸島があり、そして東端にはトンガおよびサモア諸島があり、その間に多くの諸島群が含まれている。主だったものだけでも、ソロモン諸島、サンタクルーズ諸島、ニューヘブリデス諸島、ニューカレドニア諸島、フィジー諸島などが挙げられる。

ラピタネシアに散らばる島の数は、大小を問わなければ、星の数にもひけをとるまい。その西側には大きな島が集まっており、だんだん東に向かうにつれて、おおむね島のサイズが小さくなる。それら島の地形は、大陸島、火山島、隆起サンゴ礁島、環礁島など、さまざまであるが、どの島も熱帯圏から亜熱帯圏にあることで共通する。

またラピタネシアは、ニア・オセアニアとリモート・オセアニアにまたがり、それらを横断するように広がる。この二つの用語については、すでに第二章で詳しく述べた。最近になって人類学や考古学の方面から提唱されたのであるが、今ではオセアニアを区分するときの常套句《じょうとうく》となっている。すなわちニア・オセアニアとは、すでに更新世（今から約一万年前より以前）のころから人間が居住していたオセアニアの地域、つまりオーストラリアとニューギニア、さらにその周辺の島々を含む地域のことである。そしてリモート・オセアニアとは、その東側に広がるオセアニアの島々を網羅する茫洋《ぼうよう》たる海洋世界のことを指す。

このことは、ラピタネシアをニア・オセアニア部分とリモート・オセアニア部分の二つに区分できることを意味する。このうち前者にはニューギニアの北東から東に広がる多島海メラネシアの島々の領分が含まれ、そして後者には海洋メラネシアとよばれる島々の領分、それにトンガとサモアなどの島々からなる西ポリネシアの領分が含まれる。これら二つの区分は空間的にはたがいに連続するが、人間の歴史の奥ゆきという観点でみると、両者の間には大きな断絶がある。

ラピタネシアのニア・オセアニア部分はオーストラリア大陸およびニューギニアの巨島と同様、すでに今から何万年か前の更新世のころから、れっきとした人間の歴史があり、そこではラピタ人はすでに定着していた先住者たちの間隙《かんげき》を縫うように住みついた。しかるにリモート・オセアニア部分では、そこにラピタ人が住み着くまではまだ、人間には遙かなる処女地でしかなかった。まだ誰も、いかなる人びとも足を踏み入れたことなどない場所だった。

要するにラピタ人こそ、人間の歴史で最初にリモート・オセアニアの海洋世界に進出し、そこに散らばる島々をつぎつぎに発見して、それらを植民・開拓、みずからの独得の社会を定着させることに成功した人びとなのである。もとよりリモート・オセアニアは、まさしく正真正銘の海洋世界である。そこに人間が近づき、そこで居住することを可能にするには、大海原を自由自在に行き来する長距離航海の装置、手段、テクニックそしてノウハウなしには不可能だったはずだ。

まぎれもなくラピタ人は、人間史上ではじめての遠洋航海民だったのであろう。

「謎の海洋民」へせまる

南太平洋の「ラピタ人問題」

さて、ここまで述べてきたことから、かつてオセアニアでの人間史のはざまに、ラピタ人とよばれる人びとが実際に存在していたことを理解していただけるようになったことと思う。

そうなると、彼らの人物像とか生活スタイル、何をしていて何をしていなかったのか、などなど、彼らに関する「真実の姿」を明らかにしていくことが、つぎのステップとなる。つまり、ラピタ人とは何者で、どこから来て、どこに行ったのか、そんな命題のもと、彼らの実像にせまる研究活動をステップアップしていこうというわけだ。

ラピタ人が何者であったか。その正体を知るには人類学や言語学などに関係する研究活動を進展させていく必要がある。彼らの生活スタイルがどうであったか。そんなことを詳細にしていくには、考古学や生態人類学などの研究活動を積み重ねていくほかない。また彼らの生活の舞台裏がどうであったか。すなわち彼らが活躍したころの南太平洋島嶼《とうしょ》の気候風土、生活条件、環境変化のことなどについては、地球科学とか地理学などの方面から関連資料を集めていくことが欠かせない。

しかし、それらの分野の研究が南太平洋で個別に発展しても、おそらくラピタ人の民族史に関する全体像を描いていくには、たいして役にたたないだろう。ともかくラピタ人をキイワードに、できるだけ具体的に問題設定をして、それを枢軸に過去の世界を復元していく必要があろう。バラバラの知見なり研究の成果なりを接合しながら、さらに新たなる課題を掘り起こすべくフィードバックしていくことが大切である。そして再度、多角的な視点から見つめ直していく。それが先史学というものなのだ。

もし先史学の辞典があるなら、それには「ムダ玉を撃つ」などの言葉に自らを卑下する意味をもたせることはない。むしろムダは美徳、それを承知で物事を進めるのが当たり前だからだ。同時に「王道」もない。〝ヘタな鉄砲も数うちゃ当たる〟という哲学こそが、先史学を進めていくには欠かせない。

ムダであろうとなかろうと、実際にラピタ人が生きていた現場をいくども臨場体験することによって、彼らなりの生活感覚のようなものを肌で感じること。彼らに関係するであろうと思われる人類学や考古学のデータを拾い漁《あさ》ること。地球科学、物理化学的分析科学、生物科学などの最新の方法論を傾けて新たなるデータ類を生産していくこと。多方面の専門家を交えてブレイン・ストーミングのようなことをやりながら、アイデアを出しあっていくこと。そして最終的に、ラピタ人が歩んでいたであろう歴史をシナリオ風にまとめていくこと。これが先史学の進め方である。

ちなみに数学などでは、「四色問題」などと称して、ある一定の問題を設定して、その解決を競っていく。ラピタ人のことをシステマティックに解き明かしていこうとする試みは、いわばオセアニアの先史学における「四色問題」のようなもの、あるいは、これまでの常識のようなものを再度、いちいち点検していくわけだから「コンピュータの二〇〇〇年問題」のようなものか。「ラピタ人問題」とよんでもよいだろう。アメリカ、オーストラリア、ニュージーランドなどの研究チームが鋭意、競いあっているのが現状である。

じつは私たち日本人の研究グループも、トンガ王国やサモアでの現地調査を手がかり足がかりにして、それに参入していこうとしているところである。その出発点を迎えるにあたって、これまでの私どもの研究成果を総括する踏み台のようなものが本書だ。ラピタ人問題を前進させることによって、太平洋における人間の歴史のダイナミズム、そこに生きとし生ける者たちの生活の知恵、そんなことなどを明らかにしていくことができたら、それにまさる喜びはなかろう。

「ラピタ人発見」の物語

「ラピタ人発見」の物語は、ひっそりと始まった。最初は土器。ちょうど二〇世紀になったころ、ちょっと派手めの紋様が表面につけられた土器のかけらが、人知れず拾われた。まさにそのとき、やがてラピタ土器とよばれることとなる往古の土器が、長い眠りからさまされたのだ。

その後、あちこちの遠く離れた島々で、それと同じタイプの土器が見つかった。そうした出来事は、いずれも脈絡なく起こった。そんな偶然が重なっていき、やがて、かつて南太平洋の島々にラピタ土器の文化が広がっていたことが明らかになり、その文化をになったラピタ人というべき人びとが存在していたことが知られるようになったのだ。

このようにラピタ人の発見は、あるときに突然なされたわけではない。あちこちの島々で、なんの脈絡もなく、いくつかの発見が重ねられていった。まだラピタ人のことなどは何も知らず、それが「発見」であることさえも知らずに、彼らのことが徐々に発見されていったのである。

その後、何十年かかかって、それらの発見が「ラピタ人」という糸でつながることが「発見」され、しだいにラピタ人の存在が実像として浮かび上がってきた。それぞれの「発見」がもつ意味が明確になるにつれ、さらに新たなる発見が追加されていくことになった。こんな発見の連鎖が「ラピタ人発見」の物語にはあったのである。

そのラピタ土器が日の目を見ることになったのが偶然なら、それが太平洋の広い地域に伝播《でんぱ》していたことがわかったのも偶然のおもむくまま、そして、そもそもラピタなる固有名称が用いられるようになったことからして完璧に偶然の産物なのだ。ともかく、すべては偶然から始まったといっても過言でなかろう。

たいていの発見物語は、そんなものかも知れない。まさに「瓢簞から駒」。ラピタ人の発見についても、その表現がピッタリする。

長いこと――二〇〇〇年そこらも、忘却の淵《ふち》に眠っていたラピタ人だが、ささやかな土器のかけらによって目をさまされる。その土器も、しばらくは博物館の片隅で埃《ほこり》をかぶった「迷い物」でしかなかった。いつの間にか、それが考古学や人類学などの業界で特別な土器として認知されるようになっていった。その結果、かつてラピタ人とよばれる人びとが実際に人間の歴史のはざまに存在していたことが知られるようになり、いささかなりとも関心を集めるようになった。

そんな「ラピタ人発見」にまつわる経緯は、ほかの多くの「世紀の大発見」とか「歴史的発見」などの類の話にも共通する部分があろう。さらなる詳細については、アメリカの考古学者P・カーチによる『ラピタ人』（一九九六年）を参照されたい。ここでは、それを主たる出典にしながら、いくつかのめぼしい点を紹介しておこう。

かくしてラピタ人は蘇りき

ニューギニアの北東に広がるビスマーク諸島。その主島であるニューブリテン島の北東に隣接して、ワトムという名前の小島がある。ここで「ラピタ」土器の第一号標本が世に出たのだ。

まさに二〇世紀が始まろうとするころのことだ。オットー・メイヤーという神父がカソリック教会を建てるべくニューブリテン島に赴いた。あるとき、嵐が過ぎたつぎの日のこと、彼はワトム島のラキバルという浜辺を歩いていたとき、ある奇妙な装飾が施された数個の土器片を見つけた。波によって洗い出されていたのだ。まさに暴風がもたらした偶然のたまものである。さらに、その後も小さな自分の小屋のまわりを掘っているときに、同じような土器片を見つけ、それらを大切にしまっておいた。

メイヤー神父は好奇心にあふれた人物で、なんでも屋の勉強家であり、その地方の歴史にも興味をもっていたという。一九世紀の終わりごろには、南太平洋の島々にある人間社会が太古に栄えたムー大陸の文明の名残りであると説く者がいた。また、南アメリカとオセアニアの人びとが往古の昔に交流していたことを説く書き物があった。ときたま、その手の出版物を目にすることがあった神父は、自分が見つけた土器片こそ、古代の人びとが遠く大陸間を行き来していたことを物語る重要な証拠ではなかろうか、と考えたようだ。そのことを、ごくごく控えめに述べる文書を残すとともに、いくつかの土器片をフランスのパリに送っていた。

かくして「ラピタ」土器の最初の標本はパリの人間博物館（ミュゼドローム）に収蔵されることになり、ちゃんとカタログにも登録された。しかしながら、その後の五〇年間というものは、まるでたんなる漂流物のごとく扱われるだけ、いささかの関心も寄せられることはなかったのだ。

それとは関係なく、一九二〇年代になってのこと、「ラピタ」土器の別の標本が世に出ることになった。

そのころ、ホノルルにあるビショップ博物館は、民族学や考古学に関係する資料の収集をはかり、さかんにポリネシア界隈《かいわい》の島々に学術調査隊を派遣した。その一員として、西ポリネシアのトンガ諸島にあるトンガタプ島に赴いたのが、アメリカの若き人類学者のW・C・マカーンである。

その島で彼は、昔の「ゴミため」であった遺跡をいくつか発掘して、合計一〇〇個あまりの土器片を採集した。このなかに、きれいな刺突紋が施されラーメンの丼容器にあるような文様が描かれたものがあった。それらはまぎれもなくラピタ土器なのだが、まだ当時は土器片の年代を決める術などなかった。そんな事情もあってマカーンは、そんなに古くないフィジーの土器が伝えられたものだろう、だからポリネシア文化の生成を考察するには、たいして役にはたたないだろう、と勝手に決めつけ軽く見すごしてしまった。

メラネシアとポリネシアの間には、人類学上、あるいは先史学上の境界があり、深い闇が横たわる。メラネシア側の島嶼には皮膚が黒く縮れ毛のメラネシア人が住み、そしてポリネシア側には淡色の皮膚と大柄な体軀をしたポリネシア人が住む。そうした両者の間に系譜的な脈絡など、あるはずがない。つい最近まで、そんな教条的なテーゼが信じられていた。だから当時、ワトム島の土器とトンガの土器を比較するなどのアイディアは、マカーンの頭に浮ぶべくもなかったのだ。

しかし今では、メラネシアの島々とポリネシアの島々が歴史的にも人類学的にも連続することは、誰も疑わない。そうした認識を育むのに、大きな役割を果たしたのがラピタ土器であり、ラピタ人の存在なのだ。メラネシア世界とポリネシア世界の橋渡しをするワトム島とトンガで見つかっていた同種の土器の重要性が指摘されるようになったのは、じつのところ一九五〇年代の初めになってからのことである。

そのころ、ニューカレドニアの南端に近接するパン島で新たな土器片が見つかった。それがパリの人間博物館の標本室で眠っていたワトム島の土器と照合されることとなり、この両土器が著しく類似し、同じ土器文化の産物であることが確かめられた。

一方、一九五〇年代になって、カリフォルニア大学バークレー校の民族学の教授であったE・W・ギフォードと彼の仲間のR・シャトラーらのグループは、ニューカレドニアやフィジーで考古学の発掘調査を開始した。じつはギフォードは、マカーンが一九二〇年にトンガ調査をしたときのメンバーだったのだが、長きにわたり出口なき論争がつづいてきたポリネシア人の起源に関する問題を解決するには、ともかく考古学の方面の新たなる証拠を拾い集めるのが不可欠だと考えるようになっていた。

ラピタの名前の由来

ほどなくギフォードらは、ニューカレドニアのコネ半島の海岸で有望な遺跡を探し、さきにトンガやワトム島で見つかっていたのと寸分たがわぬ装飾紋様が施した土器片を、そこで大量に発見した。

その発掘作業に携わる現地の人たちに土地の名前を聞いたところ、「ラピタの海岸」だとのことだった。そこで、その名前にちなんで、そこを「ラピタ遺跡」と命名した。また、問題の土器に対しては「ラピタ土器」と名づけたのである。

その同じころ、シカゴ大学のウィラード・リビーによって放射性炭素の半減期を応用する年代測定法（炭素14年代測定）が考案された。それに時宜をえたギフォードらは、それまでの悲願であった南太平洋の先史遺跡の古さを測るため、その「ラピタ遺跡」から出た炭化物のサンプルを年代測定の試料に供した。すると当の遺跡が今から二八〇〇年前とか二五〇〇年前にさかのぼることを示す値が求められた。それまでに南太平洋の島々について考えられていたよりも、はるかに古い年代だったのである。

こうしたことが契機となり、ギフォードは、それまでに南太平洋の各地で見つかっていた先史時代の土器に関する資料を集大成することになった。メイヤー神父のころより、あちこちの島々で散発的に見つけられ、だんだんと集まってきた土器の標本を比較して詳しく検討してみたのである。

その結果、一見バラバラにさえ見える土器の少なからずのものが「ラピタ土器」と同じところに、同じようにして作られたものであることが判明した。つまり、同じ土器形式を示すことがわかった。これは驚くべきことである。今から三〇〇〇年ちかく前にメラネシアからポリネシアにまたがる広い範囲に散らばる島々、ワトム島からニューカレドニア、さらにフィジーやトンガにいたる島々に、ただ一つの土器文化が分布していたことがわかったのだ。

かくして、ラピタ土器とよばれる土器文化を共有する「ラピタ人」とでもよぶべき先史時代の民族のことが浮き彫りになってきた。

さらに、ギフォードはオセアニアの周辺地域にも目を向けている。そして、インドネシアのスラウェシ島のカラマ川流域にある遺跡でオランダのステン・カレンフェルズという考古学者が発見した土器に、このラピタ土器が相似することを指摘している。これについては、いまだ議論の分かれるところである。

いずれにしても、遠い過去にラピタ土器を共有するラピタ文化が広く分布し、それをになったラピタ人とよぶべき一つの民族が存在していたことの重要性を世に知らしめた点で、民族ギフォードは南太平洋の先史学に革命をもたらしたといえよう。

このようにラピタ土器もラピタ人も、その名称は、ギフォードらがニューカレドニアで遺跡を発掘した土地の名前に由来するわけである。余談ではあるが、この地名の実在性については疑問があるようだ。実際にはラピタなどとよばれる海岸も湾もない。そんな名前でよばれる土地などが、そもそも存在しないのだ。これが定説である。

さきに述べたようにギフォードらは、当時の現地の発掘作業員から、この名前のことを聞いたという。にもかかわらず、それから三〇年の歳月がたったころ、あるフランス人の考古学者がラピタという名前の意味を調べたところ、現地では誰一人として、その名前の場所を知る者がいなかったという。それどころか、実際にはラピタという地名すらなく、架空の名前にすぎないことが判明した。

本当のところは、どうやらギフォードたちが現地の作業員がフランス語でしゃべったことの何かを聞き間違え、それを地名とはやとちりしたようだ。だとすれば、まったく意味がない架空の名前が一人歩きを始めたことになる。そんな誤解から生まれた名称であることも、ラピタ人の不思議さを象徴するようで面白い。でも、そんなこととは関係なく、一般に学問の世界では、最初につけられた名前が市民権を獲得する。いわゆる先取権（プライオリティ）というものだ。それがルールなのである。

さらに余談になるが、ことに言葉が不自由な辺鄙《へんぴ》な場所で現地語でフィールド調査を行う場合、地名などを聞くときなど、そのとき出てきた別の言葉を誤解して、はやとちりすることは珍しくない。いちおうは長老などに確認するのだが、当の長老も自分に興味ないことなら、いい加減に相づちを打つから、それで安心してしまう。でも、たいていの場合、あとでおかしなことに気づいて、フィールドノートを訂正していく。

私もいくたびか経験した。クック諸島でラピタ遺跡を探し歩いていたときのことである。ある型の石器に用いられる石材を産出する場所を見つけた。そこで地名を尋ねたところ、「ミミオイナ」（イナという女神の小便）という言葉が出てきた。てっきり、その場所の地名だと勘違いしたのだが、あとで当の岩場あたりに育つ植物の名前であることが判明したのである。こんな自分自身の経験もあって、ギフォードらが間違えたのもむべなるかな、ということで、この逸話は信憑性《しんぴょうせい》の高い話だと思っている。

ラピタ人研究のパイオニアたち

一九五〇年代および六〇年代は、南太平洋の考古学、先史学、人類学にとっては、さながら疾風《しっぷう》怒濤の時代であった。太平洋の島々にも古い歴史が隠されており、考古学関係の歴史遺産が埋蔵されているとの認識が、ようやく強まってきた。絶対年代の目安を提供する放射性炭素年代測定法が確立されたことにも元気づけられるようにして、あちこちの島で一定のまとまりのある規模で考古学の発掘調査が行われることとなった。

そのころ、ケンブリッジ大学の考古学教室で学業を終えたジャック・ゴルソンが、ニュージーランドのオークランド大学で人類学教室を開設すべく教授として赴任した。それを機に彼は、トンガ、サモア、ニューカレドニアで自分らの手による発掘調査を展開した。それの調査成果にもとづいた彼の結論は、あちこちの島で見つかるラピタ型式の紋様をもつ土器が同一の文化に属し同じころに製作されたこと、そのラピタ文化の時代、太平洋の広範な地域に同じくラピタ人とよぶべきグループの人びとの社会が広がっていたことなどの仮説を補強することになった。

そして先見の明があった彼は、現在のポリネシア人の祖先は、そうしたラピタ土器を作っていた人びと、すなわちラピタ人にまでたどることができるだろう、と主張した。つまり先史時代のラピタ人と今のポリネシア人の間に直接の系譜関係があることを、しかと見抜いたのである。

その後、オーストラリア国立大学に移ったゴルソンは、さらにラピタ人について広範囲に及ぶ島々で詳細な現地調査を目論《もくろ》む。ラピタ人が時間とともに様がわりしていったさま、どのように島から島に広がり、どのように変容していったかを明らかにすべく、何人かの大学院生を各地の島に派遣し、考古学の発掘調査にあたらせた。こうして、J・スペイトはワトム島でメイヤー神父が見つけた遺跡を発掘することになり、C・スマートはニューカレドニア島、J・ポールスンはトンガ諸島、それにバークス夫妻とE・ショウなどはフィジー諸島の島々へ出かけていった。彼らは自分たちの発掘調査を通して、さらにはお互いに情報交換することによって、より詳しいラピタ文化の内容について、そして地域や時代による連続性と非連続性について、いっそう理解を深めていったのである。

かくして一九七〇年代から八〇年代となると、ラピタ文化やラピタ人の研究は大きな転機を迎えた。特徴的な刺突紋の装飾土器をともなうことで共通するラピタ遺跡について、土器のきめこまかな編年、時代と地域によって移り変わる社会の様子を明らかにするのがメインテーマとなったのだ。

そうして、ポリネシア世界への玄関ともいえるフィジーやトンガではラピタ遺跡こそが人間が残した最初期の定住跡であり、それらの遺跡はラピタネシア西部のラピタ遺跡よりも放射性炭素年代測定でわずかに新しいことなどが判明した。このことはフィジーやトンガなどを植民したのがラピタ人であること、彼らは急速なスピードで西から東に拡散したこと、彼らが最初に定着したのがビスマーク諸島の島々であることを意味する。

そうなるとつぎのステップとしては、ラピタネシアの西部と東部の中間に広がるソロモン諸島での発掘調査が焦眉《しょうび》の急となる。考古学のロジャー・グリーンと民族植物学のダグ・イェンがソロモン諸島南部の島々で研究活動を開始したのは、一九七一年のことである。すぐさま、サンタクルーズ諸島やリーフ諸島にも多くのラピタ遺跡が残っていることをたしかめた。グリーンらの発掘調査は周到をきわめ、土器のことだけでなく、人びとの集落の規模や立地条件、住居跡や炉跡などの生活跡の様子を調べたり、石器、骨器、貝殻細工などの生活道具にも目を向け、石材の産地を同定することなどの研究を進めた。それらの調査結果をまとめたグリーンは、ラピタ人の文化について、たんにラピタ土器のあるなし、多寡、類似性などだけで論じるのではなく、もっと広い視野から「文化複合」という観点で彼らの生活全体を眺めていくことの重要性を指摘した。

こうした経緯をたどりながら、ラピタ人の文化や生活の内容については、かなりのことがわかってきた。たとえば、それぞれの島に多くの根菜類や果樹類を運びこみ、高度に発達した園芸農耕活動を営んでいたこと、それと巧みなテクニックを用いる漁撈活動を生業の基本にしていたこと、けっこう大きな集落を沿岸地や小島に築いて、ときに島から島へと「しゃくとり虫」のように移動をくりかえしていたこと、そして金属はもたないが、ひろく石器、土器、貝製や骨製の品々を生活道具とする独特の物質文化を享受していたことなどである。さらに各地のラピタ土器のデザインを詳細に比較することによって、トンガやフィジーあたりの東部ラピタ土器の文化と、その西に広がる西部ラピタ土器の文化に、しだいに分化していたことも明らかになった。

さらに驚くべきことに、サンタクルーズ諸島などで初期のラピタ遺跡から見つかった黒曜石が、そこから二〇〇〇キロも西にあるビスマーク諸島のタラセアで産出したこともわかった。ラピタ土器を製作し、園芸農耕や漁撈活動にいそしんでいたラピタ人は、それと同時に長い距離を日常的に航海する交易活動にも熱心であったことを示す、ゆるぎない証拠となったのである。

ラピタ人がビスマーク諸島あたりから南太平洋を東に南に拡散し、遠洋航海に長《た》けた交易民だったとすると、そもそも彼らのオリジンがラピタネシアの西のほうにあった可能性が非常に高い。はたしてラピタ人は東南アジアのほうから拡散してきたのであろうか。彼らの祖地、つまり「ラピタ・ホームランド」はどこにあったのであろうか。

そこでグリーンは、ラピタ人の生業において独特な適応現象が生じたのは、複雑きわまりない大陸島、つまりはニューブリテン島やニューアイルランド島のあたりの気候風土が影響したからではあるまいか、という仮説を提案した。

ラピタ人の始まりは？　起源は？

それを検証するために、一九八五年になると、オセアニア考古学に関係した各国の研究者たちが共同して現地調査にあたることになった。その周辺の島々でラピタ遺跡の分布を調べ、それらを手分けして発掘することになったのだ。それが「ラピタ・ホームランド計画」という調査活動である。

その計画を進める過程で目を見張るべき発見があった。ことにビスマーク諸島の北東に浮かぶ離島群のなかのムサウ諸島や、ニューアイルランド島の離れ小島アラウェ島などで見つかった低湿地のラピタ遺跡では、水中家屋の柱穴とか、大量の植物遺物などが発見された。それらはラピタ人の生活の一面をみるのに重要である。現在のソロモン諸島のマライタ島などで見られるように、内海の礁湖《しょうこ》に柱を組んだ家に住み、今と変わらない根菜農耕を営んでいたと推理できよう。

そしてラピタネシアの西端に近いムサウ諸島では、およそ三六〇〇年前にまでさかのぼる最古のラピタ遺跡が見つかった。そこで発見されたラピタ土器は、おおいに注目されることとなった。サンタクルーズ諸島やフィジーなどで出土した後の時期のものと変わらないほどに成熟した紋様が施されていたからである。つまりラピタ土器は、オセアニアにラピタ人が現れた当初から十分に完成された紋様をもち、だんだんと無紋のものの占める割合が多くなっていったようだ。このことはラピタ人の出自に関して重要な意味をもつ。最初からラピタ人は独自の土器文化を携えて、ラピタネシアの西北方面からオセアニアに移入してきた可能性が高いことを示唆するからだ。

また「ラピタ・ホームランド計画」の副産物として、ニューアイルランド島にある洞窟や岩小屋で約三万年前の更新世にまでさかのぼる遺跡が見つかった。ニューギニア周辺の大きな島では、ラピタ人が住み着くより前から別の人びとの歴史があったのである。つまりニア・オセアニアの大きい島でラピタ人は、そうした人びとと住みわけるように、おそらくは無人であった海辺や小島にだけ居を構えたという推理がなりたつのだ。

ともかく、南太平洋の島々でラピタ遺跡の発掘調査が行われるようになって、およそ五〇年ちかくにしかならない。また、ロジャー・グリーンがラピタ人の生活様式の大略を描いて、まだ二〇年ばかりが経過しただけである。それでも、この間にオセアニアの先史学、あるいはラピタ人に関する考古学の知識は膨大に膨らんできた。

いわゆるラピタ土器を残した人びと、つまりラピタ人が一つの民族といえるような人びとであったこと。一定の生活様式、優れた植民戦略、驚くべき遠洋航海技術、熟練した園芸栽培のノウハウなどを誇っていたこと。猛スピードでポリネシアまで拡散していったこと。なぜか西ポリネシアに到達したラピタ人はしだいに土器づくりをやめていき、ポリネシア人に変容していったこと。こうしたことなどがしだいに明らかになってきた。

もうひとつ問題となるのは、ラピタ人がどんな容貌や体形をした人びとであったのか、ということ。つまり彼らの人物像を明らかにしていくことである。

ラピタ人の顔だち・体形は？

これまでにラピタ遺跡は、ビスマーク諸島のあたりから西ポリネシアのトンガやサモアにいたるまでの島々で、簡単には数えるのが難しいほど多く見つかっている。大規模に発掘調査された遺跡の数も少なくはない。だが不思議なことに、これまでの発掘で出土したラピタ人の遺骨の数量となると、話は別である。そうした遺跡で見つかる人骨が、なぜかきわめて少ない。ともかくラピタ人の骨は、何万年も前のネアンデルタール人の化石にも、はるかに劣るほどわずかな量しか見つかっていないのだ。

一般にリモート・オセアニアの島々の遺跡では、人骨など動物骨の残りぐあいは悪くないので、なにかの特別な理由があるに違いない。たとえば、死者を人里離れた特別な場所に葬ったとか、死者を丁寧に埋葬しなかったとか、あるいは舟葬などのかたちで海に流したりしたとか、そんなことが理由なのかもしれない。

いずれにしても、これまでにラピタ遺跡、つまりラピタ土器をともなう遺跡で、まとまった数の人骨が出土したのは、ただの一例しかない。ニューブリテン島の北東に浮かぶワトムという小島にあるラキバル遺跡だけである。そう、かのメイヤー神父が最初にラピタ土器を見つけた遺跡だ。これも何かの因縁なのだろうか。

これまでラキバル遺跡では二度ほど本格的な発掘調査が実施された。そのうち、ロジャー・グリーンらによって、いわゆる墓地のような地点が発掘されたのだが、そこから全部で九人分以上の人骨が発見された。このなかには幼児骨も含まれるが、どの人骨も、きわめて保存状態が悪い。しかも後の時代に強く攪乱されているから、ちゃんと全身の骨格を残す個体はない。ともかく最悪に近い状態で出土しており、ボロボロに風化した骨ばかりだ。これが通称ワトム人骨である（図20）。

この遺跡以外にも、これまでにラピタネシアの一円に広がる合計六カ所の遺跡でラピタ

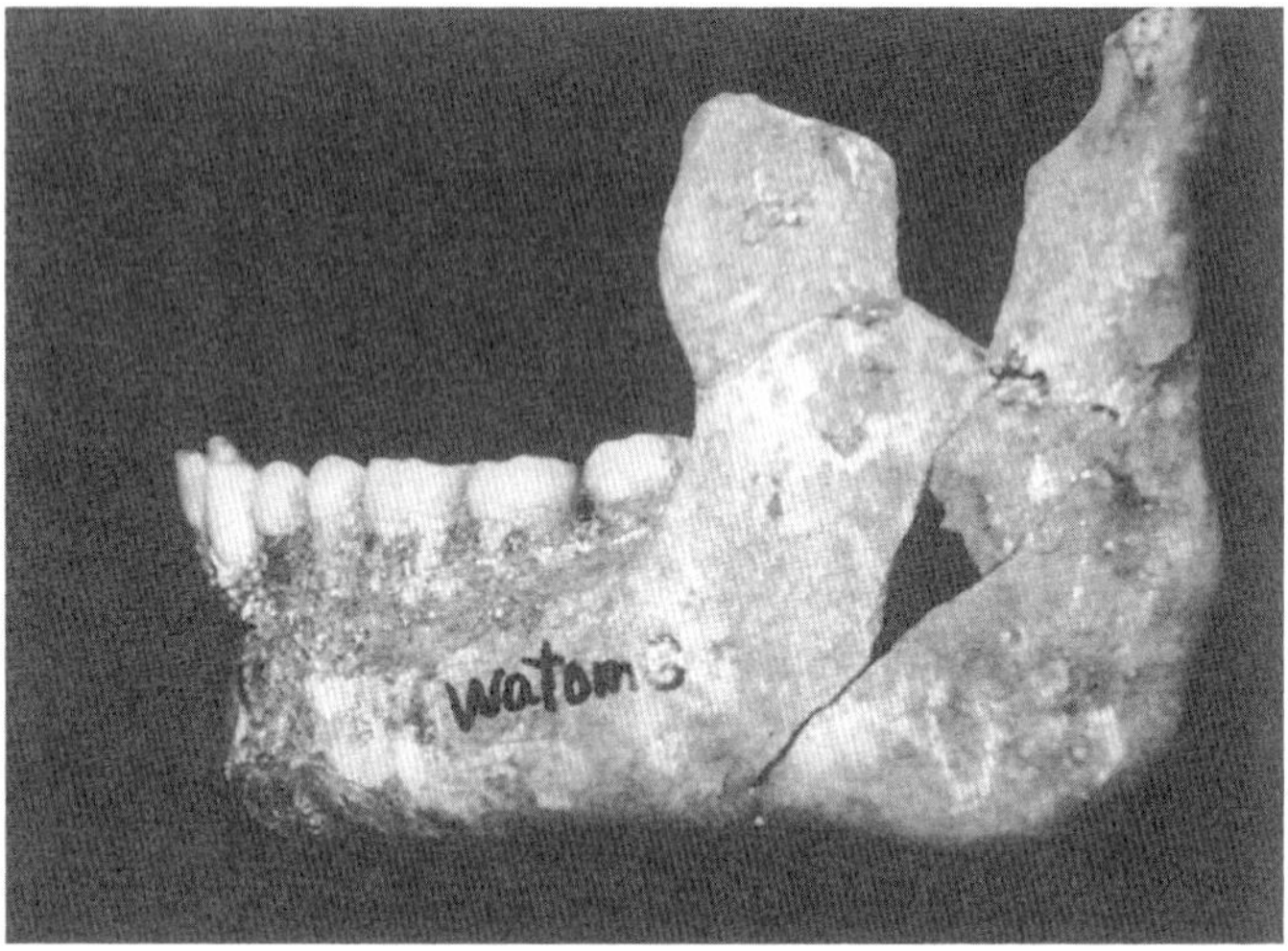

図20　ラピタ人の下顎骨

大きく骨太で頑丈である。ビスマーク諸島ワトム島で出土した。

人骨が出土している。フィジーやニューカレドニアやトンガなどである。しかし、いずれも一人分だけの骨が孤立して見つかるか、散乱骨が出土するだけで、墓地のような場所からではない。それらの頭骨などは、ワトム人骨も含めて、そろいもそろって、ひどく瓦解したありさまであるから、ラピタ人の容貌は詳しく復原しようがない。まさに、ない物ねだりの状況なのだ。それが現状である。

古人骨が見つからないことには、彼らの生前の姿などを推理する材料がないわけだ。したがって、ラピタ人の人物像を詳しく描くことなどできない。そうした人物像を復原できないことには、彼らがどんなタイプの人たちだったのか、どこから彼らが来たのか、どのようにして彼らがポリネシア人に変容していったのか、あるいは日々の生活における彼らの生きざま死にざまなどについて、こと細かに議論できない。まとまったラピタ人骨の発掘が待たれるゆえんである。

そんな実状ではあるが、ワトム人骨や、トンガやフィジーやニューカレドニアのラピタ遺跡で出土した人骨について人類学的に分析することによって、ごく大雑把ではあるが、それなりに人物像のようなものを描くことができる。ワトム人骨資料、それにフィジーのラケンバ遺跡やトンガのトンガタプ島で出土したラピタ人骨については、オタゴ大学のフィリップ・ホートン（一九八九）やハワイイ大学のマイケル・ピートルゼウスキ（一九八九）が報告している。それに私自身も、それらを詳しく調べた。さらにピートルゼウスキ（一九九六）らは、フィジーのワヤ島やニューカレドニアのラピタ遺跡（名前の由来となった遺跡）から最近になって出土したラピタ人骨についても詳しく分析している。

これらの研究結果を総合すると、ラピタ人骨の形態特徴のついて、つぎのように要約できよう。

まず、どの遺跡で発見されたラピタ人骨もたがいによく似ており、多くの共通した特徴をもつ。あちこちの現代人骨と比較すると、もっともポリネシア人の骨格に似ている。いずれの骨も骨太で大柄で頑丈な骨組みをしている点、歯の大きさや形、四肢骨のプロポーションなどでポリネシア人の骨格と著しく相似するのだ。と同時に、リモート・オセアニアの島々で先史時代の遺跡から出てきた人骨とは、いずれも共通性が少なくない。それと、東アジアや東南アジアの海域世界、ことに東シナ海周辺に住む人びとの骨とか、そこらで出土した古人骨とも、ある程度の相似性が認められる。

こうした人物像から人類学的に推理できる内容と、先に述べた考古学の研究成果から推理できることがらは、まさにピッタリと符合するのだ。つまり、ラピタ人が一つの民族であり、オセアニアの北西部あたりからニア・オセアニアやリモート・オセアニアの一円にある海洋メラネシアの島々に拡散していき、その一部は西ポリネシアに定住し、そこでポリネシア人に変容したとすれば、なんの苦労もなく、彼らの骨格がもつ特徴に隠された意味を説明できるのである。

「ポリネシア行の特急」仮説

南太平洋のポリネシアは、人間にとっては、この地球上で最後まで残された処女地だった。南極と高山、それに一部の砂漠を除き、すべての大陸世界が人間の生活エリアに組みこまれるようになった約一万年前のころでも、ポリネシアのどの島にも人間の匂いがするものなどなかった。それまで一度たりとも、人間が迷いこむこともなかったからだ。そこはクジラなど海棲の哺乳類が訪れるだけの不毛の島々からなる世界だった。

広大な太平洋の海を渡って、何千もあるポリネシアの島々すべてに、モアイ石像を代表とする巨石文化を伝え、原色で艶やかな花や葉を風に揺るがす果樹花卉《かき》植物類をもたらし、どこの大陸世界にもない独特の人間社会を発達させたのがポリネシア人である。

それらの島々の発見、植民・定住は、トンガやサモアの西ポリネシアで今から三〇〇〇年前のころ、タヒチなどの中央ポリネシアで二〇〇〇年ほど前、ハワイイやニュージーランドやイースター島などの辺境ポリネシアではおおよそ、今から一〇〇〇年前のころに達成された。そして最後にニュージーランドの東に位置するチャタム諸島が植民され、ポリネシアの島すべてが人間のテリトリーに組みこまれた。そうしたポリネシア人の開拓史については、さきの二章でもふれた。

　このようにポリネシアの島々は、西から東へ、そして中央部から辺境部へ向けて植民されていったのである。そうした開拓者たちがポリネシアの大海洋世界に拡散するさいの表玄関の役割を果たしたのがラピタネシアの東端に位置する西ポリネシア、ことにトンガとサモアとフィジーの三角地帯であった。そこに最初に定住した人びとこそ、まさにラピタ人なのであった。つまりラピタ人は、ポリネシアの最初の居住者となった。もっと厳密に言えば、その三角地帯に住み着いたラピタ人こそが、のちにイースター島などで派手な巨石文化を開花させたポリネシア人の祖先となったのである。

　すでに述べたように、ラピタ人はラピタネシアを西から東に分布域を急激に拡大していった。今から三六〇〇年前のころに西端ちかくの島々に出現したかと思うと、三〇〇〇年以上前のころには、五〇〇〇キロちかく東にある西ポリネシアの島々に、しっかりと定着していた。放射性炭素が刻む時計が正確に測定されるなら、単純計算すると、一〇〇年あまりで一〇〇〇キロほどの割合で広がったことになる。先史時代の民族移動としては尋常ならざる迅さと言わざるをえない。

ちなみにトンガやサモアより東のポリネシアの島々に向けて、ラピタ人の子孫であるポリネシア人が拡がりはじめるには少し間があき、タヒチなどの中央ポリネシアに定着するのは二〇〇〇年前よりも後のことだから、一〇〇〇年ばかりの間、西ポリネシアから先には進めなかったようだ。さすがに海の民ラピタ人にも航海できない海だったのだろう。さらにポリネシアの最果てともいえるニュージーランドに達するのは約一〇〇〇年前のことだから、このことだけでも太平洋の広さが実感できよう。

ラピタ人の動きから、ポリネシア人の源流は、少なくとも南太平洋では西に西にとたどることができる。そして、さらにその先、どこまでたどれるのかが焦点となる。同時に、それはラピタ人がどこから来たかを尋ねることにもなり、ラピタ人の祖先を探すことと同じ意味をもつことになる。

ポリネシア人はオーストロネシア語族の一グループ、つまりオーストロネシア人の派生集団である。まちがいなくラピタ人もそうであった。東南アジアから太平洋に広く分布するオーストロネシア系言語の比較研究では、その言語グループの発祥地は東シナ海の沿岸地域、つまりフィリピンや台湾や中国南部の沿岸部あたりにあったと考える仮説が有力である。となると、ラピタ人の究極の起源も、そのあたり、あるいは日本列島の最南部も含めた地域にあった可能性が濃厚である。最近では白血球の組織適合抗原ＨＬＡなどで調べた遺伝子レベルの研究でも、その言語学の仮説が傍証されている。もしも言語年代学で正確な時間が測れるとするなら、そのあたりをラピタ人の祖先が発進したのは数千年ほど前のことと考えられる。

となると、東シナ海の沿岸部とインドネシアの東部、そしてラピタネシア、ポリネシアの島々が一本の糸で繋がることになる。しかも最近の何千年という間、地質学の言い方を借りれば、それこそ一服するだけの短い期間のうちに、これらの地域が特定の言語グループの移動という現象で密接に連なることになるわけだ。

かくも短期間に、しかも一定の方向に、オーストロネシア語族の拡散が起こり、その結果、南太平洋の海洋島嶼世界に人類史上で最初にラピタ人が進出し、さらには現在のポリネシア人が生まれたわけである。アメリカの鳥類学者であり私が尊敬する大先史学者でもあるジャレド・ダイアモンド（二〇〇〇）は、こうした人間の歴史の最終ページに起こった疾風怒濤のごとき民族移動を称して、「ポリネシア行の特急」とよんでいる。この壮大なシナリオをもってすれば、モアイの謎もポリネシア人の起源の問題も一挙に説明できるわけだ。そして、ポリネシア人が「南太平洋のアジア人」である理由も明白となる。

この仮説では、ラピタ人の正体、由来、行方が最大のキイワードとなる。そういう意味で、「ラピタ人コネクション・モデル」とよんでもよいだろう。

ラピタ人を知ること、それは同時に、ポリネシア人をはじめとする南太平洋の人びとのアイデンティティ、あるいは彼らの祖先のことを知ることでもあるのだ。そして、遥かなる昔の先史時代に起こったアジアから太平洋に向かう人間の流れのドラマを解き明かすことになり、アジア人と太平洋の人びとの間にある血の繋がりを探ることになるのだ。

ラピタ人をめぐる断章

いかにも唐突な感がするが、すこしばかりラピタ人と縄文人とをくらべてみることにしよう。なんの前触れもなく、この両者を同じまな板の上で論じるなど、もってのほか、いささか乱暴かもしれない。あるいは、あらぬ誤解を招いたりしないか、とも心配する。

ラピタ人と縄文人

でも日本の読者なら、かなりハッキリと縄文人のことならイメージできよう。だからラピタ人のことを説明するのに有効な手段となるのではないか。そんな直感、そんな動機、そんな理由から、いささか無謀なことは合点承知のうえで、こんなことを試みる。たんなる遊びごころと思っていただきたい。それ以上の魂胆はない。ラピタ人と縄文人との間に特別な系譜関係があっただろうとか、縄文人がラピタ人のルーツ筋にあたるのではあるまいかとか、そんなことを示唆しようと伏線を張るわけでは断じてない。ラピタ人と縄文人の系譜関係うんぬんについては、本書の最初の章で少しふれたから、そこを参照されたい。

もちろん南太平洋のラピタ人と日本列島の縄文人の間には、ともに時代を共有すること以外、たいした脈絡はない。でもラピタ人は、いくつかの点で縄文人と似ていないわけではない。どちらも近年の人類科学、とくに考古学方面の研究活動で再発見された人びとである。つまり人間の好奇心のたまもの、いったんは過去の闇のなかに葬り去られていた人びとが、文字どおり発掘によって姿を現し、私たちの知るところとなった。同じような経緯で「よみがえる人たち」となったわけである。

さらに、それぞれが独特の類《たぐい》まれな装飾土器の文化をもち、いっさいの金属文化をもたなかったことも大いに強調すべき共通点であろう。土器などというものは、現代の私たちにとっては、さして重要なアイテムとならないだろうが、人間の歴史においては偉大なる発明品の一つである。人間は土器を発明することによって、堅くて食えない物、生のままでは栄養分として有効利用できない物、有毒成分を含む植物など、たくさんの食えない物を食物のレパートリーに加えることができるようになり、のちの文明社会の礎をきずくことになった。司馬遼太郎が、土器のことを「人間の第二の胃袋」などと称したのも、むべなるかな、と思う。

いたく漁撈採集活動に熱心であったこと、根菜類などを育てる園芸活動に励んでいたこと、かなり高度に発達した航海術をもっていたらしいことなどの点でも、ラピタ人と縄文人は共通する。さらに重箱の隅をつつけば、もっともっと共通点がある。たとえば、いっさい文字のようなものをもたなかったこと、たいした人口密度を擁していなかったこと、おそらくブタやイヌなどの家畜を所有していたこと、貝類の多面利用に長《た》けており、貝殻を道具に変えたり沿岸部に貝塚などを作ったこと、なんでも屋の採集活動が得意だったらしいこと、黒曜石などの石器を遠くに持ち運んだりしたらしいこと、などなど。とりわけ骨角器の銛先《もりさき》や釣り針などの漁撈具、そして入れ墨の道具、調理用の焼き石、樹皮布などの物質文化には端倪《たんげい》すべからざる類似点があるのだ。

こんなことを数えたらきりがない。おそらく、いずれの点も、ただたんに時代を共有することによる表面的な類似にすぎないかもしれないが、ともかく相似する点が多すぎることに驚きを禁じえない。こうした類似点を細かく詮索しても、おそらく、たいした意味は見出せないのだろうが、やがて考古学の方面から本格的な比較研究がなされることを願う。

身体特徴の面では、どうだったただろうか。はたして共通点のようなものが見出せるのだろうか。いずれにしても現時点では、たいへん難しい問題といえる。なにしろ、比較研究の対象となる古人骨が、ことにラピタ人については絶望的といえるほど少ししか見つかっていない。あるいは言語のほうは、どうだったであろうか。これについては、将来にわたっても、なかなか有効な研究手段は見つからないだろう。ラピタ語も縄文語も復元するのは至難である。なにしろ言葉は化石として残らないのだ。

それでも相違点もある。それにもふれておかないと、公平さを欠くことになろう。たとえば居住集落の規模である。ことに縄文人の場合は、かなり大きな村落的な集落を営んでいた可能性が高いが、どうやらラピタ人のほうは融通無碍《むげ》に遊動する小さな定着空間を海辺に作っていただけだったらしい。土器の作り方などにも大きな違いがあろう。それに、ラピタ人の身体は現在のポリネシア人なみに大柄で筋骨隆々としていたらしいが、縄文人は近年の日本人の体格ほどもなかったようだ。でも顔の相貌《そうぼう》とか、こまかい骨格の形態特徴には、不思議なほど似たところがあるのだ。

総じていえば、ラピタ人と縄文人の間には類似点のほうが多いように思える。それが、たんに同時代人であるがゆえなのか、なにか別の理由があったのか。そんな観点で先史時代の人びとのことを研究するのは非常に難儀な問題ではあるが、今後の面白い検討課題ではなかろうか。

ラピタ人とオホーツク人

さらに話が飛躍するが、海の交易民であったろう、というラピタ人の性格をふまえて、もう一つだけ〝連想ゲーム〟をしてみたい。

人間の歴史に登場する海上交易民として人口に膾炙《かいしゃ》するのは、地中海のフェニキア人、インド洋の「海のシルクロード」を往来したアラブ系の人びと、北欧のバイキング、さらには大航海時代の西ヨーロッパ人などであろうか。日本の周辺では、東シナ海を舞台とした中世の倭寇《わこう》の人たち、オホーツク海の一円で遊動していたオホーツク人などが挙げられよう。

だが、これらの各グループとラピタ人との間には、いくつかの点で本質的な違いがあるのもたしかである。まず、それらが活躍した時代がラピタ人とは違いすぎる。紀元前一五世紀から八世紀のころに栄えたというフェニキア人だけは、ほぼ同時代になるが、ほかはみな、はるか後の歴史時代に属する。ただひとつ、金属器を有していたか否か、という点だけを考えても大いに違うのだ。

フェニキア人もまた、すでに金属器を十分に活用していた。しかも彼らとラピタ人とでは舞台設定が違いすぎる。フェニキア人の場合、地中海のなかに航海する範囲が限られ、そこを局地的にチョロチョロと動きまわっていただけのことである。地中海が海洋とよべるのかどうか、おそらく意見は分かれるところだろうが、地球儀なり世界地図で太平洋と比べるだけで、その答えは一目瞭然。どう見ても、瀬戸内海をひとまわり大きくしただけのスケール、大きめの内海か内湖ほどでしかない。せいぜいのところ、ただの海である。だから百歩ゆずっても、フェニキア人が遠洋航海民だったなどと言うことはできまい。

たしかにアラブ系の人たちも優れた交易民だったようだ。インド洋周辺で物産を広く流通させ、イスラム教や陶磁器などを伝えるのに貢献した。だが彼らの場合、その基本は陸路の交易であり、ただ大きな河を渡るように必要に応じて海を渡ったにすぎない。だから陸上交易民の延長のようなものであり、けっして航海民ではなかった。

たかだか何百年か前の西ヨーロッパ人となると、今日の貿易会社や商事会社のエージェントのような存在といえよう。まだ今と違って、大きな貨物船、タンカー、カーゴ便などがなかっただけの話だ。あるいは戦争のさいの斥候《せっこう》とか先兵、たんなる冒険家の心が、その動機ではなかったか。そもそも石器時代のラピタ人と比べることなどできない。

それに対して、「北海道のバイキング」というべきオホーツク人は違う。歴史の舞台に登場した時代とか地域は異にするが、いくつかの点でラピタ人と共通項をもつ。ともに考古学的な研究によって過去の闇のなかから再発見された人びとであること。ひっそりと歴史の合間に見え隠れするだけの謎の民族であること。海辺に住みつき、海産資源を存分に利用する漁撈活動に長けており、同時に海上交易活動に熱心だったらしいことなどの点で、よく似た性格をもつ人びとなのだ。

オホーツク人が存在したのは、いわゆる古代から中世にいたるころ（紀元五〜一一世紀ごろ）のことらしい。教科書流の日本史では一行か二行の記述ですまされるような人びとで、まさに幻の民である。北海道からサハリン、アムール河の下流域からクリール諸島などのオホーツク海の沿岸域だけが活動の舞台だったらしい。

オホーツク海はラピタネシアと同様、世界史のなかでは辺境のまた辺境である。だから私たちの頭のなかで、たいして大きくイメージすることはないが、実際には相当に広い海である。そのオホーツク海の沿岸のあちこちに、オホーツク人が自在に動きまわり交易にいそしんでいた形跡が残っている。持ち運んだのは鉄製品や錦織などのようで、日本の北方文化には少なからずの影響を与えたようだが、いかんせん十分には解明されていない。謎の航海民族とよばれるゆえんである。

北海道では知床半島から礼文や利尻の島にかけての沿岸にはオホーツク人が残した遺跡が点在する。しかし内陸には及ばない。当時、内陸の川のほとりには、アイヌの人たちの祖先とされる擦文《さつもん》文化期の人びとが集落をかまえていたはずだから、それらの人たちとは住み分けをしていたのかもしれない。たんなる海上交易民ではなく、漁撈狩猟活動を活発に営み、オホーツク海の豊かな海産資源を存分に利用していたようだ。

彼らの古人骨を人類学的に調べると、アイヌとは異なる大顔で平坦な顔だちで、どちらかといえば、極東アジアの少数民族であるニブヒ（ギリヤーク族）やウイルタ（オロチ族）などに似ていたようだ。ちなみに、今では「ギリヤーク」とか「オロチ」というよび方はしない。これらの言葉はアイヌ語で「あいつら」とか「こいつら」の意味であり、あまり褒《ほ》められた呼称ではないからである。

ラピタ人とオホーツク人は、ともかく時代が違いすぎ、遠くかけ離れた地方に住んでいた。だから厳密な意味では比較などできない。しかし、航海民で交易民で漁撈民、これらの言葉をキイワードに両者をアナロジーと見なしてみれば、それぞれの謎の部分を明らかにするうえで有効な手がかりがえられるかもしれない。

何年か前のこと、何度か、オホーツク人の遺跡をまわり、そして彼らの古人骨を眺めながら、そんなことを考えたものである。

私が「ラピタ人」と出逢ったとき

私が「ラピタ人」に出逢ったのは、まったくの偶然からである。あるいは運命のいたずらのようなもの。私は思わぬことからラピタ人と出逢うことになった。といっても、もちろん彼ら自身にであるはずはなく、彼らの名前にである。

あれは一九八〇年のこと、ニュージーランドのオークランドでのことだった。もう春だというのに、するどく皮膚を刺す風が冷たく、ときおり氷雨が降るような寒い日だった。大きな橋のそばにある旅の宿、夕刻なのにバーは閑散としていた。いっときの無聊《ぶりよう》を慰めるべく、いささか冷たすぎるビールをすすりながら、たった今買ったばかりの本のページをめくっていた。そんなときである、「ラピタ人」という文字を発見したのは。

はじめて訪れるニュージーランド、たった一人の旅であった。ただ立ち寄っただけだから、もちろん会う予定の人とてなく、どこにも行く予定の場所もなかった。というよりも、まだ、そのころはニュージーランドに、誰ひとり知り合いがなく、知らないことばかりだったから、いささかでも予定のようなものなど立てようがなかったのである。

それに当時のニュージーランドは、いま思えば隔世の感のおもむきであった。たとえオークランドの町中であろうと、まるで日本人観光客の姿など見かけなかった。そもそも外国からの旅行者の数も非常に少なく、土産物屋のようなものも少なかった。

ともかく寒さを和らげるセーターを買うべく街に出た。骨の髄まで異国ムードに浸かるような気持ちで、かじかむ手をポケットにつっこんだまま、クイーンズ通りの繁華街を歩いていた。そして、誰とも言葉を交わすことのない自らの唇にうながされるように、ウィトクールという名前の大きめの本屋に入った。

その店で一冊の本を見つけたのだ。フィル・ホートンが書き『最初のニュージーランド人（*The First New Zealanders*）』というタイトルをつけられた少し薄手の本であった。この本は、そのとき出版されたばかりだった。これだけのことを、もったいぶって書くのは気がひけるのだが、いまにして思えば、それは私には、きわめて運命的なことだった。その後の私の研究の道を方向づけるような出来事となったのである。

しかも、いくつかの偶然が重なってのことなので、その思いに余計かられる。そもそもニュージーランドに立ち寄ったのが偶然なら、そこで当の本屋に入ったのも偶然、その本が目に入ったのが偶然なら、そのときに出版されたばかりであったことも偶然、ともかく恐ろしいほど偶然だらけの出来事だった。

もちろん私は、そのときはフィル（ホートン）という人のことについて、なんにも知らなかった。彼がニュージーランド人であることも、私と同じ人類学者であることも、考古学の遺跡で出土した古人骨を研究していることも、南太平洋で先史時代にくりひろげられた古代人の植民活動の全容を解明することに血道をあげているような人であることも、なにもかも知らないことずくめであった。

その本を読んで、それこそ私は目から鱗《うろこ》が落ちるような思いにかられた。内容がとても新鮮であったばかりか、はじめて古人骨研究のふところの深さを知ることになり、古代南太平洋の民族移動の雄大さに目覚めたのである。

後日談となるが、それからすぐに私は、フィルと手紙をやりとりするようになった。といっても、一方的に私のほうから出す手紙のほうが多かった。ときどき送られてくる彼の論文の抜き刷りなどを読んでは、それに感想を書きつづったり、何かを訊ねる。そんな交流であった。

さらに翌々年になって、彼を訪問してみようと思った。そこで、彼の研究室に居候をして、そこに所蔵される古人骨を研究したい旨の手紙を書くにいたった。もちろん大歓迎であるとの返事。かくして、こんどは目的をもってニュージーランドを訪れ、はじめて南島のダニーデン市に旅行して、オタゴ大学医学部解剖学教室にある彼の研究室に滞在することになった。一九八四年のことである。しばらくの間、研究三昧の日々を堪能することができた。これが、その後、ポリネシア人とラピタ人に関する研究を私自身のメインテーマにし、足繁く南太平洋の島々に現地調査に赴き、まるで渡り鳥のごとく毎年毎年、ダニーデンを訪れるようになる契機となった。

その後、フィルとの交流はつづく。いつも彼は最良の師であった。とにかく私のほうが一方通行で教えられることのほうが多かったように思う。ただ研究のことばかりでなく、おおらかなニュージーランドの自然の楽しみ方、あくせくせずに学問をエンジョイする姿勢も学んだ。彼の博識のお裾《すそ》分《わ》けにも与《あずか》り、彼のまわりにいる多方面にわたる知人友人に出会うことにもなった。

何年か前に彼はオタゴ大学を引退し、ダニーデンを離れ、オークランド近郊の農場で悠々自適の毎日を送っているが、今なお毎年のように会っている。それに最近になって私は、彼が退官する折りに出版した『南太平洋の人びと』（ケンブリッジ大学出版会）という大著を翻訳して、『南太平洋の人類誌——クック船長の見た人びと』（平凡社）というタイトルで出版したところだ。

話を元にもどす。くりかえすが、ラピタ人の名前をはじめて目にし、その名前でよばれる人びとが往古の昔、南太平洋の島々に実在していたことを私が知ったのは、フィル・ホートンの『最初のニュージーランド人』という一般向けの解説書を通じてであった。

『最初のニュージーランド人』

ちょうどポリネシア人の研究を始めようとしていたところで、人類学の世界にドップリと浸かっていこうと考えていた矢先だったので、いいタイミングではあった。当然、いい刺激となり、いたく好奇心をくすぐられた。ともかく同書によって、まさに石器時代の遠洋航海者といえるような存在であった古代のポリネシア人のこと、未知の島々を植民していった彼らの叙事詩にも似た歴史のこと、彼らの祖先であるラピタ人の曖昧模糊《あいまいもこ》とした過去のことなどに対して、とても新鮮な興味をいだいた。

それは自分が進もうとする人類学の道に新たなる目標が生まれた記念すべきときであった。現代のポリネシア人について、身体計測などの調査を進め、彼らの身体特徴をつまびらかにしよう。古人骨を調べて、過去のポリネシア人についても身体特徴を明らかにしよう。そんなことをラピタ人についても進めていこう。古人骨から過去の人びとの顔だち・体形・体格・身体の細かな特徴を明らかにして、その人びとの生前の姿や死にざま生きざまを復元する。その成果をもとにして、彼らの歴史に迫っていく。そんな私流の歴史研究の方法論、いわば身体史観といえるような視点で人類学の道を進むべきと心得た。

やがてはポリネシア人の歴史を突きとめたい。ラピタ人の謎にせまってみたい。そうして、彼らを人間の歴史の知識体系のなかに蘇らせたい。それに、ラピタ人の正体のようなものを明らかにできれば、先史時代、南太平洋を舞台にくり広げられた人間の地球開拓史のドラマが描けはしまいか。そんな目標をいだく契機となった。それ以降、ラピタ人という四文字が、私自身の研究活動における最大のキイワードとなった。

もとより、ひとりの人間の研究テーマとしては膨大すぎて、どんな研究活動を始めたらよいか、わからない。こまかな研究の進め方など、わからない。もちろん研究の成果がどうなるのか、海のものとも山のものとも、わからない。一生、無駄な鉄砲うちで終わるかも、わからない。ともかく、わからないわからないのないないづくし。まさに唯我独尊《ゆいがどくそん》、独立独歩の研究への道、そんな目標をいだいた。

そして、それが自分自身のことを発見する契機を私に与えてくれることになった、当の本の内容を簡単に紹介しておきたい。

一言で言えば、ニュージーランド・マオリとよばれるポリネシア人のこと、広くポリネシアン人の身体特徴のこと、ラピタ人などの南太平洋の先住グループのことなどに関する人類学の解説書である。また同時に、古人骨から古代人の病気のこと生活のことなどを探る骨考古学のテキストのようでもある。さらに、マオリの人びとの祖先が、いつごろ、どこから、どうやってニュージーランドにやってきたのか、ポリネシア人がどんなルーツをもち、どうやって彼らの祖先が南太平洋の島々を開拓していったのか、などについて、自らの研究成果を開陳しながら、ホートン流のシナリオを展開するものである。

ごくありふれた装丁の目だたない本なので、もし私が人類学徒でなかったら、あるいは暇をもてあます旅人でなかったなら、さらには南太平洋の島で過ごしたフィールド調査の帰り道でなかったならば、おそらく私自身、目にとめなかっただろう。そんな本である。

ごくごく平凡な、なんの変哲もない本屋で、その本を見つけた。ただそれだけのことが、私の運命を大きく変えることになったわけである。運命の赤い糸で結ばれる、という慣用句は、こんな出来事のことを表現するためにあるのだろう。私には大変に幸運なことではあった。それと同時に、人生なんてしょせん、そんなものかもしれないとも思う。人間万事塞翁《さいおう》が馬なのだ。いつ、なにが起こり、どう転んで、どうなるのか、一寸先のことはわからない。そこが人間の面白いところであろう。

ちなみに同書は、今でこそ、私たちの学界では古典的な名著のひとつにあげられたりするが、人びとの俎上《そじょう》にあがるようになったのは、ようやく何年かが経ってからのことであった。すでに私はフィルの研究室に出入りするようになっていた。これまでの半生で影響を受けた本を挙げろと言われたなら、私は躊躇せず当然のごとく、この本をあげるだろう。

はじめて南太平洋に行く

フィル・ホートンの『最初のニュージーランド人』を手に入れ、そこにラピタ人の名前を見つけ、いささかでもラピタ人のことを知ることになったのと同じ年、はじめて私はポリネシアに現地調査に出かける機会を得たのだ。今から二〇年あまりも前、一九八〇年のことであった。

というより、その運命的な本に出会ったのは、私がはじめて出かけたポリネシアから日本に帰る途中のことであった。だから私にとって、物事の順番は、こんな風だ。まず南太平洋の島嶼で摩訶不思議な世界を体験した。そこに謎めいた人間の歴史があったらしいことを肌で感じた。その直後に、フィルの本に出逢い、遠い昔にラピタ人という人たちがいたことを知った。南太平洋の人びとの歴史を解き明かす鍵になるのが、そのラピタ人であろうと直感した。そんなしだいである。

長いことポリネシアの海洋世界に興味をいだいていた。その夢が叶《かな》い、そこで人類学の調査をする機会に恵まれた。小さな洋上の島嶼で奇妙な人間社会があることを見聞して、そんな生活環境で生きることの難しさを肌で感じた。そして、そんな島々にはじめて住みついた人びとの不思議さ、あるいは、そんなことをする人間の営為の不思議さに好奇心がはじけた。そうして、南溟《なんめい》（南の方にある大海）の謎ときの面白さに目ざめた瞬間まさに、ラピタ人のことを知ったのだ。だからこそ、すり込み効果のようなもの、その存在が余計に膨張して見えたのかもしれないし、彼らに対する関心が増幅されたのかもしれない。それ以来、ラピタ人という言葉に、思わず条件反射せずにいられない体質になったようだ。

その一九八〇年の六月から一〇月にかけて、私は、ポリネシアの中央部に位置する仏領ポリネシアの島々で過ごした。その間の大部分はツアモツ諸島のレアオ島という小さな環礁島に滞在した。フランスの核実験で悪名高いムルロア（現地名はモルロア）環礁の目と鼻の先にある島だ。

そこで三ヵ月の間、何をしていたのか。炎天のもと、遠い昔の墓地を発掘しながら、古い人骨資料を探し求めた。それと並行して、一六〇人あまりの島人の身体計測を行い、指紋や掌紋のプリントを集めたり、一人ひとりの家系図作りの調査にあくせくした。

そのときの調査行は、なまやさしいものではなかった。その小さな島に赴く途中で過ごした仏領ポリネシアの主島タヒチでの一ヵ月はともかく、レアオ島の日々は厳しく、ただ苛酷《かこく》なことのみが多かった。これまでに経験した私のフィールドワークのなかでも、おそらくいちばん、身も心も疲労困憊《こんぱい》した。今なお頭のなか身体のなかに、そんな記憶が疼《うず》くように残る。実際、そのときに始まった腎臓結石には、今もなお苦しめられている。

その小島の美しい景観と、フランスの核実験の影響によるとおぼしき白血病患者、さらにハンセン病を患う人たちを目のあたりにする日常との間の強烈なコントラスト。ながく憧れていたポリネシアにも、実際には光の部分と影の部分とが色濃くただよう現実があることを知るには十分すぎる日々だった。まるでトラウマのごとく引きずる原体験である。

そうした調査を終えて、日本に帰る途中、心身の疲れをいやすべく、きまぐれに立ち寄ったのがニュージーランドのオークランドであった。あちこちにオーク（西洋樫）の大木が深い緑をたたえ、ようやく春の花々が咲きはじめたオークランドの街並みは新鮮そのものであった。ことに、その中心にあるオークランド大学のキャンパスは美しく、それまでに見た大学のどれよりも魅力ある雰囲気に、いたく心を惹かれたものだ。いつの日にか、こんな大学で研究生活を送れたらいいなあ、という思いをいだかせるに十分だった。

でもニュージーランドの春先は、ただ軟弱なだけではなかった。常夏の島から来た旅人の私は、突然、真冬のさなかに放りこまれたような気分にさせられた。それに当時、まだ円安で、寒さをしのぐためだけに買ったセーターは信じられないほど高く、いわゆるモーテルというタイプの宿泊施設であったが、そのとき泊まったホテルは、有り金の心配をせねばならぬほどの料金であったのを覚えている。

そんな寒さのなか、ぬれネズミのようになって、まるでコミュニケーションの手段をなくした敗残兵のような気分を一方で味わいながら、わびしい何日かを過ごした。そのなかで見つけたのが、『最初のニュージーランド人』という本、フィル・ホートンという人類学者の名前、「ラピタ人」という人びとのことなのであった。飢えた猫が旨そうな鮮魚を見つけたようなもの、強いインパクトを受けないわけがなかろう。

あれから二〇年あまりがたった。ニュージーランドという国は、今や私にとっては第二番目に多くの人生の時間をすごした国となっている。あれ以来、何十回と訪れたが、その国の玄関であるオークランドに立ち寄ると、かならず足を運ぶのがオークランド博物館である。そこでラピタ土器などの展示物などを見ていると、ここにはじめて来た当時の情景が走馬灯のようによぎり、タイムワープしたような気分にひたることができるのだ。

ラピタ人をめぐる断章――失われた時をもとめて

先史学や考古学の研究活動は、ある意味でゲームのようなものである。どんな仮定や仮説を設けても、それを最終的に解決したり完全に証明できたりすることは、けっしてない。同時に、はっきり間違いだと断定することもできない。そして、何かが発見されれば、それに付随してつぎつぎと新たなる問題がわき出てくる。

ギリシャ神話にあるシジュフォスの営みにも似ていよう。いつも営々と何かを探しつづけていくしかない。人間の過去の歴史を探るとき、あるいは、なんらかのグループが現れて、変遷、衰退していった過程を説明しようとするとき、たしかに真実だ、と言いきれることは何もない。彼らにまつわる残された断片、たとえば古人骨だとか、石器や土器だとか、廃墟や生活現場の跡とかを永遠に探しつづけていくほかないのだ。

たしかにジレンマではある。「早起きをすれば三文の得、一方、寝るほど楽はない」の喩《たと》えどおり、なぜあくせくと、そんな研究活動にいそしむのか。でも、それなりにやっていれば、「いずれにしても、いい目にめぐりあえる」というもの。はずれのない宝くじのようなものでもある。とくに是もなく非もなく物事の白黒がつけにくいデータを集めつづけて、錬金術師のように、それらを意味あるものに変えていくほかない。

どんなに研究活動が進んでも、どんな新しい知見が得られようと、本当に本当のところは遠い昔に実際なにが起こっていたのか、誰も知ることができない。「そうは考えにくい」とか、「こんなことも考えられる」とか、「こう解釈するのが理にかなっている」とか、そんなことをアレコレやりながら、ひとつずつシナリオのようなものを書いていくのである。そのシナリオはノンフィクションであるはずだが、同時にフィクションかもしれない。だからシナリオは、だんだんと書き替えられていく。あるいは別のシナリオが作られることもある。とにかく、もどかしい営みではある。そんなわけだから、ディレッタンティズム(好事家)が容易に入りこめるわけでもある。

そうは言っても、ゲームであるのなら、当然のことルールがある。一つ一つの知見に対する現実的か非現実的かを見極める論理性が問われる。そして、それらを繋ぎ合わせて、ひとつのシナリオを構成していくときの整合性が問われる。

ラピタ問題に関わるシナリオを作るうえで、いまなにが問題なのか、なにを明らかにしなければならないのか、さしあたっての課題を挙げておこう。

いつ、どこで、だれが、なぜ、なにを、どうしたという5W1Hの疑問に答えて、いささかの事実を論理性と整合性のなかで繋ぎ合わせたストーリーがシナリオである。

しかし、「なぜ」という疑問だけは曲者《くせもの》。先史学や考古学の研究には荷が重すぎる。なじまないと考えてよい。研究の対象とする過去の人びとの死とともに、彼らの思惑も脳の思考回路も過去の闇に消えてしまうからである。文字や壁画のようなものが残っているなら、アプローチする手だてもあろうが、まだ文字がなかった先史時代のことは、それもかなわない。また壁画などは時代を決めかねるから、怪しげな話を、いっそう怪しげにするだけのことである。この「なぜ」の疑問には、はなから答など見つからないと思っておいたほうがよい。

それに、おのずから答えにくい疑問があると同時に、答えやすい疑問もある。なかでも「いつ」についての疑問は、炭素14年代測定などの年代測定法が確実なものになりつつある今、適切な資料さえそろえば、答えやすいほうである。

たとえばラピタ人の場合、彼らのラベルとなるラピタ土器が出土する遺跡の年代測定ができれば、彼らが存在していた時代を特定できるわけだ。そのもっとも古い遺跡は今から三六〇〇年ほど前、新しいところは約二〇〇〇年前と年代測定されているから、少なくとも、その間に彼らが存在していたという推理がなりたつ。このことは、放射性炭素年代測定の信頼性と同じくらい高い信頼性をもつ事実である。

いまだ遥かなりラピタ人

ふたたび、個人的な話に戻ることを許していただきたい。私にとって、もう長いこと、ラピタ人は遠く遥かな存在であった。なかなか彼らに近づける機会がなかった。今なお、ほんのちょっと彼らに触るだけのありさまである。いよいよ今年ぐらいから、一気に近づけるかもしれないし、ひょっとしたら死ぬまで、彼らの核心に触れることができないかもしれない。そんな想いが交差する。

やっと念願かない最近になって、まさにラピタ人が残した遠い昔の遺跡を発掘調査できそうな状況になってきた。しかし実際に私自身は、すでに相当な歳月にわたって、ラピタ人の足跡を求めて歩んできた。トンガの東にあるクック諸島で彼らの遺跡を探し当てて、それを発掘しようという夢を抱いてきた。山師のようなことをやってきたわけだ。

なぜクック諸島で、こうした調査を行ってきたか。私にも意固地《いこじ》なところがあった。そもそもラピタ人はトンガやサモアの西ポリネシアまでしか到達せず、そこから東のポリネシアの島々は、すでにラピタ人がポリネシア人に変容した後になって植民されたのだという定説が有力だった。それを反証するような証拠を見つけたかったのだ。トンガやサモアにまで到達したラピタ人が、そこらで止まってしまったとは、どうしても信じられなかったからである。きわめて高度な遠洋航海ができたラピタ人が、そこから東の諸島に向かわなかった理由が理解できなかったわけだ。ならばトンガの東、そこにいちばん近い島々ということで、クック諸島に目を向けたわけである。

しかし結果として、クック諸島でラピタ遺跡を発見することは叶《かな》わなかった。どんなに探しまわっても、そこにはラピタ人の足跡などどなかった。つまりラピタ土器を残す遺跡などないのである。たしかにラピタ人はクック諸島まで達していなかったのだろう。彼らはトンガやサモアの東に拡がることはなかったのである。そんなことがわかった。

それはそれで私たちの研究活動における一つの収穫ではあったが、クック諸島で血道を上げていた私の一〇年あまりの時間は、いったい、なんだったのだろうか。ちょっと中途半端ではあるが、ひとつの仕事を片づけたという充足感がある一方で、まだ肝心のラピタ人そのものの研究にはいたっていないではないか。そんな不完全燃焼の思いがある。

そんなことから、トンガやサモアで調査を始めることになった。

いったいラピタ人の人骨は、どんな顔をして地面から現れてくれるのか。どんな情報をもたらしてくれるのか。どんな遺跡や遺物が発見できるのか。ともかく、いよいよこれからが私にとって、じかにラピタ人を探す旅になるのだ。とても楽しみだ。

あとがき

南太平洋の島嶼世界、そこに住むポリネシア人などに対する日本人のイメージは、なぜかしらステレオタイプになりやすい。南海の楽園のような島々。ココヤシの樹が生い茂る常夏の気候。どこまでもつづくサンゴ礁の砂浜。エメラルドグリーンに輝くラグーン。けだるい貿易風。裸同然の姿で気楽に暮らす褐色の肌をした人たち、などなど。そんなフレーズで語られる。まさにハリウッド映画の場面ほどに遠い世界のことと思う方が多いのも、むべなるかな。

ときに日本でも南太平洋の島々のことを描く旅行記が出版されたり、ドキュメンタリーもどきの番組が報道されたりすることはある。でも、いずれもなんだか奇妙である。いつも登場人物はニコニコ顔、朴訥そうな表情、太りぎみの人たちばかり。なにかしら非現実的で脈絡のない類の話ばかり。どこにも歴史の匂いがするような情景が出てこないし、まるで絵空事のごとき画一的な人物キャラクターしか描かれていないように思う。

　実際には、南太平洋の世界は途方もなく広い。おびただしい島々が存在する。だから当然、それらの島々は気候も地形も風景もさまざま。人びとの容貌とか暮らしぶりも一様ではない。ハワイのように近代文明のなかにドップリと浸かったような島がある一方、およそなにもなく時間さえ止まったような島も珍しくない。いっさい英語など通じず、テレビや電話もなければ、時間も気にしなくていいのだ。

　そんな南太平洋の島嶼でも人間の歴史はくりひろげられてきた。この事実を忘れてはならない。小さな歴史かもしれないが、大きなスケールの華々しい歴史であった。そこに住む人たちに、かけがえのない歴史であるのはもちろん、他の世界の人びとにも教訓を与えてくれるような歴史である。さらにアジア史の延長にある歴史と言えないこともない。

　かかる南太平洋の人間の歴史を紹介しようとするのが、本書の目的である。

　いくら太平洋が広大だろうと、島々の陸地面積は限られたもの、大勢の人間に十分な住みかを提供する余地などない。それに海産資源をのぞくと、その他の資源が乏しすぎるから、いささかでも派手めな物質文化が発明されるシーンはなかった。当然、栄華盛衰がくり広げられるには、いかにも役者不足の感がいなめない場所柄なのだ。当然、個々の島について、ことさらに名をとどめるような出来事もなく時間が流れてきたことだろう。

それに文字など、いっさい存在せずにきた。どの島にも、ヨーロッパ人が出没するようになる一八世紀や一九世紀にいたるまで、いかなる文字とも関係なく歴史が流れてきた。代々、受け継がれる記憶のなかでのみ、あるいは記念碑のように残されるペトログリフ（岩絵）や巨石像によってのみ、それぞれの島の歴史は刻まれてきたのだ。しかし記憶のなかの歴史は、いつかは忘れ去られるし、そして時間の脈絡が怪しくなる。

かくして大きな世界ではあれど、南太平洋の島々の歴史はつつましく流れゆき、その一《ひと》齣《こま》一齣も短い時間のうちに過去の闇のなかに埋没しつつしてきたのである。しかし私たちの目に歴史の中身が見えにくいと言っても、けっして歴史性が乏しいわけではない。ただ隠されてきたものが見えにくいだけのことなのだ。

そのベールをはぐには、いわゆる歴史学の方法は役にたたない。そこで人類学や考古学、さらには言語学や民族学などの方法でアプローチするほかない。そして、先史学の枠組みのなかで再構成していくのだ。それもまた人間の歴史を解き明かす手段なのである。それに幸いなことに、南太平洋の島嶼世界を舞台にしたポリネシア人などの歴史は大陸世界のそれに比べると、その奥行きが短い。それゆえ、まだ消え残る歴史の痕跡をたどるのも容易だろうから、さまざまな方法論で歴史の断片や破片を拾いあげる試みが可能なのだ。

　ポリネシア人の歴史は海洋を航海することで始まった。このことは陸上の動物たる人間にとっては画期的で、特筆すべきことである。なぜなら、人間の歴史が海洋世界にも広がり、遠洋航海が人間の移動手段の一つとなった歴史と軌を一にするからだ。

　ともすれば陸地を舞台とした人間の歴史が強調されやすいが、海を舞台とした歴史もなかなかのもの、ひと味もふた味も違う趣があろう。ポリネシア人の歴史がユニークたるゆえんである。それに大陸世界の歴史とは根本的に違う点がある。大陸の歴史の場合、古くからいた民族と新しく来た民族が出会い、ときに諍《いさか》いを起こしたり、ときに入り混じったりして、なんとも複雑に絡みあった。しかし太平洋世界に進出したラピタ人やポリネシア人の場合は、ただ拡散していくだけだったようだ。それこそがポリネシアの広大な世界に、ただ一つの民族だけが住みつくことになった理由である。と同時に、人間の冒険心を見せつけるような歴史でもあろう。

　かくして、南太平洋に先住したポリネシア人などの出発地がアジア世界のどこか、おそらくは東シナ海周辺にあったであろうことが分ってきた今、日本人などとしては、もう少し彼らに関心を抱いてもいいのではないだろうか。歴史をさかのぼれば日本人などアジア人は、どこかで彼らポリネシア人の来し方に交差するかしれないのだから。

二〇〇一年十二月十二日

片山一道

参考文献

引用文献を含む

Allen, J. and Gosden, C. (eds.) : *Report of the Lapita Homeland Project*, Occasional Papers in Prehistory 20, Department of Prehistory, Research School of Pacific Studies, Australian National University, 1991.

Anderson, A.J. : Adaptive voyaging and subsistence strategies in the early settlement of East Polynesia. In ; *Prehistoric Mongoloid Dispersals* (T. Akazawa and E. Szathmary, eds.), pp.359-373, Oxford Science Publications, 1996.

ベルウッド，ピーター（植木武・服部研二、訳）『太平洋：東南アジアとオセアニアの人類史』（法政大学出版局、1989年）

Bellwood, P. : 'The colonization of the Pacific : some current hypothesis', In ; *The Colonization of the Pacific : Genetic Trail*, (A.V.S. Hill and S.W. Serjeantson, eds.), pp.1-59, Clarendon Press, 1989.

Biggs, B.G. : 'Implications of linguistic subgrouping with special reference to Polynesia', In ; *Studies in Oceanic Cultural History* (R.C. Green and M. Kelly, eds.), Vol. 3 : pp. 143-160, Bernice P. Bishop Museum, 1972.

Blust, R.A. : 'The Austronesian homeland : a linguistic perspective', *Asian Perspective* 26 : 45-67, 1988.

バック、ピーター（鈴木満男、訳）『偉大なる航海者たち』（教養文庫545、社会思想社、1966年）.

Diamond, J. : 'Express train to Polynesia', *Nature* 336 : 307-308, 1988.

ダイアモンド、ジャレド（倉骨　彰、訳）『銃・病原菌・鉄』（下巻）、（草思社、2000年）

Emory, K.P. : 'Oceanian influence on American Indian culture : Nordenskjold's view', *Journal of Polynesian Society* 51 : 126-135, 1942.

Finney, B. : 'Anomalous westerlies, El Nino, and the colonization of Polynesia'. *American Anthropologist* 87 : 9-26, 1985.

Finney, B. : 'Polynesian voyagers to the new world', *Man and Culture in Oceania* 10 : 1-13, 1994.

Green, R. : 'Lapita', In ; *The Prehistory of Polynesia* (J.D. Jennings, ed.), pp. 27-60, Harvard University Press, 1979.

Green, R. : 'Near and remote Oceania : disestablishing "Melanesia" in cultural history', In ; *Man and A Half : Essays in Pacific Anthropology and*

Ethnology in Honour of Ralf Bulmer (A. Pawley, ed.), pp.491-502, The Polynesian Society, 1991.

Green, R.: 'An introduction to investigations on Watom Island, Papua New Guinea', *New Zealand Journal of Archaeology* 20: 5-27, 1998.

Heyerdahl, T.: *American Indians in the Pacific*, Rand McNally, 1953.

ヘイエルダール、トール（国分直一・木村伸義、訳）『海洋の人類誌：初期の航海・探検・植民』（法政大学出版局、1990年）

Houghton, P.: *The First New Zealanders*, Hodder and Stoughton, 1980.

Houghton, P.: 'Watom the People', *Records of the Australian Museum* 41: 223-233, 1989.

Houghton, P.: 'Selective influences and morphological variation amongst Pacific Homo sapiens', *Journal of Human Evolution* 21: 49-59, 1991.

ホートン，フィリップ（片山一道、訳）『南太平洋の人類誌：クック船長の見た人びと』（平凡社、2000年）

Irwin, G.: *The Prehistoric Exploration and Colonisation of the Pacific*, Cambridge University Press, 1992.

片山一道『ポリネシア人：石器時代の遠洋航海者たち』（同朋舎出版、1991年）

片山一道「オセアニアに乗り出したモンゴロイド」（『科学』62巻4号、199—204頁、1992年）

Katayama, K.: 'Biological affinity between the southern Cook Islanders and New Zealand Maoris, and its implication for the settlement of New Zealand', In; *The Origins of the First New Zealanders* (D.G. Sutton, ed.), pp.230-242, Auckland University Press, 1994.

Katayama, K.: 'Polynesians the hypermorphic Asiatics: A scenario on prehistoric Mongoloid dispersals into Oceania', *Anthropological Science* 104: 15-30, 1996.

片山一道「海のモンゴロイドの起源：東シナ海周辺にさぐる」（『地学雑誌』105巻、384—397頁、1996年）

片山一道『ポリネシア：海と空のはざまで』（東京大学出版会、1997年）

片山一道『「オーストロネシア人」の身体特徴』（『オーストロネシア人の民族生物学』〔中尾佐助・秋道智弥、編〕所収、13-36頁、平凡社、1999年）

Kirch, P.V.: 'Rethinking East Polynesian prehistory', *Journal of Polynesian Society* 95: 9-40, 1986.

Kirch, P.V., Swindler, D.R. and Turner II, C.G.: 'Human skeletal and dental remains from Lapita sites (1600-500 BC) in the Mussau Islands, Melanesia', *American Journal of Physical Anthropology* 79: 63-76, 1989.

Kirch, P.V.: 'Polynesia's mystery islands', *Archaeology*, May/June Issue: 26

-31, 1988.
Kirch, P.V.: *The Lapita Peoples : Ancestors of the Oceanic World*, Blackwell, 1997.
國分直一：「南島語族の原郷とその展開」（『New Asia』、4巻、4-28頁、1992年）
Ramirez, J.M.: 'Transpacific contacts : the Mapuche connection', *Rapa Nui Journal* 4 : 53-55, 1990-1991.
大塚柳太郎（編）：『モンゴロイドの地球　2．南太平洋との出会い』（東京大学出版会、1995年）
大塚柳太郎・片山一道・印東道子（編）：『オセアニア①　島嶼に生きる』（東京大学出版会、1993年）
Pietrusewsky, M.: 'A study of skeletal and dental remains from Watom Island and comparisons with other Lapita people', *Records of the Australian Museum* 41 : 235-292, 1989.
Pietrusewsky, M., Galipaud, J-C. and Leach, F.: 'A skeleton from the Lapita site at Kone, Foue peninsula, New Caledonia', *New Zealand Journal of Archaeology* 18 : 25-74, 1996.
斎藤成也：「第5章　ヒトさまざま—遺伝子でたどる地球上の人間模様—」、（『人間史をたどる：自然人類学入門』（片山一道、責任編集）所収、144-155頁、朝倉書店、1998年）
Sinoto, Y.H.: 'An archaeologically based assessment of the Marquesas Islansa as a dispersal center in East Polynesia', *Pacific Anthropological Records* 11 : 105-132, 1970.
篠遠喜彦・荒俣　宏：『楽園考古学』（平凡社ライブラリー、平凡社、2000年）
Spriggs, M.J.T.: 'What is southeast Asian about Lapita?', In ; *Prehistoric Mongoloid Dispersals* (T. Akazawa and E.J.E. Szathmary, eds.), pp.324-346, Oxford Science Publications, 1996.
Terrell, J.E.: *Prehistory in the Pacific Islands*, Cambridge University Press, 1986.
Terrell, J.E.: Lapita as history and cultural hero. In ; *Oceanic Cultural History : Essay in Honour of Roger Green* (J.M. Davidson et al., eds), pp.51-66, New Zealand Journal of Archaeology Special Publication, 1996.
宇田川洋『謎の海洋民族：オホーツク文化のルーツを求めて』（一光社、1984年）
Yen, D.E.: *The Sweet Potato and Oceania : An Essay in Ethnobotany*, Bernice P. Bishop Museum Bulletin 236, 1974.
Wagner, K.: *The Craniology of the Oceanic Races*, I Kommisjon Hos Jacob Dybwad (Oslo), 1938.

著者紹介

一九四五年、広島県に生まれる
一九六九年、京都大学農学部農林生物学科卒業
一九七四年、京都大学大学院理学研究科修士課程修了
現在、京都大学霊長類研究所教授

主要著書

ポリネシア―海と空のはざまで　考える足―人はどこから来て、どこへいくのか　ポリネシア人―石器時代の遠洋航海者たち　南太平洋の人類誌―クック船長の見た人びと(訳書)　古人骨は語る―骨考古学ことはじめ　縄文人と「弥生人」―古人骨の事件簿

歴史文化ライブラリー
139

海のモンゴロイド
ポリネシア人の祖先をもとめて

二〇〇二年(平成十四)四月一日　第一刷発行

著　者　片《かた》山《やま》一《かず》道《みち》
発行者　林　英男
発行所　株式会社 吉川弘文館
東京都文京区本郷七丁目二番八号
郵便番号一一三―〇〇三三
電話〇三―三八一三―九一五一〈代表〉
振替口座〇〇一〇〇―五―二四四
印刷＝平文社　製本＝ナショナル製本
装幀＝山崎　登

歴史文化ライブラリー

1996.10

刊行のことば

現今の日本および国際社会は、さまざまな面で大変動の時代を迎えておりますが、近づきつつある二十一世紀は人類史の到達点として、物質的な繁栄のみならず文化や自然・社会環境を謳歌できる平和な社会でなければなりません。しかしながら高度成長・技術革新にともなう急激な変貌は「自己本位な刹那主義」の風潮を生みだし、先人が築いてきた歴史や文化に学ぶ余裕もなく、いまだ明るい人類の将来が展望できていないようにも見えます。このような状況を踏まえ、よりよい二十一世紀社会を築くために、人類誕生から現在に至る「人類の遺産・教訓」としてのあらゆる分野の歴史と文化を「歴史文化ライブラリー」として刊行することといたしました。

小社は、安政四年（一八五七）の創業以来、一貫して歴史学を中心とした専門出版社として書籍を刊行しつづけてまいりました。その経験を生かし、学問成果にもとづいた本叢書を刊行し社会的要請に応えて行きたいと考えております。

現代は、マスメディアが発達した高度情報化社会といわれますが、私どもはあくまでも活字を主体とした出版こそ、ものの本質を考える基礎と信じ、本叢書をとおして社会に訴えてまいりたいと思います。これから生まれでる一冊一冊が、それぞれの読者を知的冒険の旅へと誘い、希望に満ちた人類の未来を構築する糧となれば幸いです。

吉川弘文館

〈オンデマンド版〉
海のモンゴロイド
ポリネシア人の祖先をもとめて

On Demand
歴史文化ライブラリー
139

2018年（平成30）10月1日　発行

著　者　片《かた》山《やま》一《かず》道《みち》
発行者　吉川道郎
発行所　株式会社　吉川弘文館
〒113-0033　東京都文京区本郷7丁目2番8号
TEL　03-3813-9151〈代表〉
URL　http://www.yoshikawa-k.co.jp/

印刷・製本　大日本印刷株式会社
装　幀　清水良洋・宮崎萌美

片山一道（1945～）

ISBN978-4-642-75539-9